KB185492

재밌어서 밤새 읽는

고사성어

이야기 1

재밌어서 밤새 읽는

고사성어
이야기 1

꼭 알아야 할, 한마디로 통하는 역사 속 지혜

박은철 글·그림

더숲

머리말

한문은 문학, 역사, 철학을 아우르는 인문학의 바다입니다.

한문 교과서를 보면 고사성어 단원이 있습니다. 정해진 수업 진도를 나가야 하는데 그 단원에서는 유난히 시간이 부족했습니다. 고사성어 하나하나에는 인문학의 진수들이 오롯이 담겨 있어서, 다양한 이야깃거리와 지식·지혜·생각거리로 가득했기 때문입니다. 간단히 유래와 뜻을 설명하고 지나가기엔 너무나 아까운 것들이었습니다.

공부란 자신의 삶을 가꾸며 미래에 대한 통찰력을 얻고, 세상을 아름답게 변화시켜 가는 과정입니다. 고사성어에서 그런 의미를 찾으려면 여간 시간과 정성이 드는 일이 아니었습니다.

번번이 시간의 제약에 부딪혀 아쉽던 차에 책으로 풀어낼 기회를 얻었습니다. 오랜 시간이었지만 글을 쓰고 그림을 그리면서 가슴이 벅차고 즐거웠습니다. 그 작업은 대부분의 사람들이 지금까

지 알고 있을 고사성어의 해상도를 최대한 높이는 작업이었습니다. 유래가 된 한자·한문 원문을 꼼꼼히 분석하고, 역사뿐 아니라당시의 문화·관습·자연·지리 등 해상도의 요소들도 소중히 다루었습니다.

읽는 모든 분들이 드넓은 고사성어의 고화질 세계를 행복하게 여행하시는 데 작은 도움이라도 되기를 빕니다. '재밌어서 밤새 읽는' 책 여행으로 우리의 생각과 삶이 더 깊고 더 의미 있게 변하기를 기대합니다.

최종 검토를 해주신 김주화, 김혜진, 임주연 선생님께 감사드립니다. 끝으로 책이 나오기까지 오랜 시간 믿고 기다려 주신, 함께 고민한 더숲출판사 편집자들과 디자이너께 감사드립니다.

차례

허니~♡

기마전술,
합단

북경

연

조

제

위
한

소금.철생산

고조선

가장 먼저
패권 쟁동

가장 없은 땅
가장 많은 인구

진

초

천악체
가장
먼저 멸망

천강
군사력,
진시황

전국 시대 (戰國時代)
B.C 403 ~ B.C 221

삼국 시대 (三國時代)
A.D 220 ~ 280

1장

사람을
꿰뚫어 보는 눈

돌덩이 속에서
보석을 찾아내다

和 氏 之 璧
화　　　씨　　　지　　　벽

和 화할 화　氏 성씨 씨　之 어조사 지　璧 구슬 벽

예로부터 옥은 색과 품질에 따라 가격이 천차만별이라 좋은 옥은
그만큼 귀한 대접을 받았습니다.

　고대 중국인들은 옥에 신이 깃들어 있어 나쁜 기운을 몰아낸다
고 믿었습니다. 그래서 옥에 동물이나 무기 등의 형상을 새겨 몸
에 지니고 다녔습니다.

　원래 '하늘'과 '신'을 상징하던 '옥'은 중국에 국가체제가 생긴 뒤
로 왕(王)의 권위와 높은 신분을 상징하게 되었습니다. 왕이 사용
하는 공식 물품이나 각종 장식품도 옥으로 만들었지요.

전국 시대 초(楚)나라의 변(卞) 지역에 화(和)씨 성을 가진 사람이 살았습니다.

어느 날 그는 지금의 후베이성(湖北省)에 있는 형산(荊山)에서 신비로운 장면을 목격하게 되었습니다. 상서로운 새 봉황이 돌 위에 깃들이는 장면이었습니다. 봉황은 오동나무가 아니면 어디에도 내려앉지 않는 영물로 알려져 있는데 말입니다.

옥에 대해 조예가 깊은 화씨가 다가가 그 돌을 살펴보았습니다. 오랜 세월 비바람에 시달려 표면은 거칠었지만 값을 따질 수 없을 정도로 귀한 옥 원석이었습니다. 원래 형산은 형산백옥(荊山白玉)이란 말이 있을 정도로 품질 좋은 옥의 생산지로 유명한 곳입니다.

화씨는 당시 초나라를 다스리던 여왕(厲王)을 찾아가 옥을 바쳤습니다.

"이것은 제가 보기에 천하에 보기 드문 진품 옥이옵니다. 부디 궁중에서 귀하게 사용하소서."

여왕이 옥 전문가에게 감정을 맡겨보았더니 "이건 옥이 아니고 그냥 흔한 돌덩이입니다"라는 답변이 돌아왔습니다.

매우 화가 난 여왕은 화씨에게 발꿈치를 자르는 형벌인 월형(刖刑)을 내렸습니다. 화씨는 칭찬과 상을 받기는커녕 원통하게도 한쪽 다리가 불구가 되는 벌을 받고 말았습니다.

이후 여왕의 동생이 조카인 여왕의 아들을 죽이고 무왕(武王)에 올랐습니다.

화씨는 포악한 무왕이지만 혹시 가치를 알아볼까 하는 기대를 품었습니다. 그는 한쪽 다리를 질질 끌며 무왕에게 가서 옥을 바쳤습니다.

무왕도 여왕처럼 그 옥을 감정사에게 맡겼는데 역시나 돌이라는 말을 듣게 되었습니다.

"네 이놈, 감히 나를 속이려 들다니. 넌 이런 돌덩이로 사기를 쳐서 벼슬이나 돈을 얻으려고 했음이 분명하다."

화씨는 이번에도 월형을 받아 다른 한쪽 발뒤꿈치마저 잘렸습니다. 좋은 옥을 나라에 바치려 했던 화씨는 이런 화를 당하고 혼자 산속에 들어가 살았습니다.

세월이 흘러 무왕이 죽고 문왕(文王)이 왕위에 올랐습니다.

화씨는 다시 문왕에게 옥을 바치려 했습니다. 무왕이 무려 50년 (기원전 740~기원전 690년)이나 다스리다 죽었기 때문에 화씨가 기다린 시간은 길고 고통스러웠습니다. 하지만 그는 이제 양다리를 쓰지 못하는 초라한 노인 장애인에 지나지 않았습니다.

그는 형산 아래에서 사흘 밤낮을 쉬지 않고 울부짖었습니다. 억울하고 원통한 마음이 북받쳐 나중엔 눈에서 피눈물이 흘러내렸습니다.

화씨가 통곡과 피눈물을 흘린다는 소문은 널리 퍼져 문왕의 귀에도 들어갔습니다. 궁금해진 문왕이 사람을 보내 그 이유를 물었습니다.

"세상에 월형으로 양발이 잘린 자가 어디 한둘이더냐? 도대체 무엇 때문에 그리 섧게 울고 있는가?"

화씨가 대답했습니다.

"제가 원통한 것은 두 발을 잃어서가 아닙니다. 보옥을 돌멩이라 하고, 충신을 사기꾼으로 모는 세태가 슬퍼서 그런 것입니다."

이 말을 전해 듣고 문왕은 그 옥 원석을 가져오게 했습니다.

가장 뛰어난 옥 가공 기술자에게 맡겨 원석을 쪼아보게 했습니다. 그랬더니 희귀하고 아름답기가 비길 데 없는 옥의 신비한 자태가 드러났습니다. 문왕은 이것을 납작하고 둥그런 모양의 장식품

인 옥벽으로 가공하여 소유했는데 이것이 바로 화씨지벽입니다. 이 옥벽은 캄캄할수록 더욱 빛이 나 야광지벽(夜光之璧)이라고도 하며, 겨울이면 화롯불보다 따뜻하고 여름이면 시원해서 해충들이 달려들지 않고 부채가 필요 없었다고 합니다.

무왕은 화씨의 충성심에 감동하여 능양후라는 벼슬을 내렸으나 화씨는 사양했습니다. 애당초 돈이나 권력을 얻으려는 것이 아니었기 때문이죠.

이 이야기를 기록한 한비자는 이렇게 말했습니다.

비슷한 뜻의 한자성어

- **연성지벽 連城之璧** | 잇달을 련(연), 성 성, 어조사 지, 구슬 벽
'여러 성과 바꿀 수 있을 만큼 귀한 구슬'이라는 뜻으로, 천하의 명옥을 이르는 말.

- **수후지주 隋侯之珠** | 수나라 수, 제후 후, 어조사 지, 구슬 주
중국 수나라의 국보였던 구슬. 수나라 제후가 뱀을 살려준 뒤 뱀으로부터 받은 보주(寶珠)로, 화씨지벽과 함께 천하의 귀중한 보배로 불린다.

"화씨가 비록 아름답게 다듬지 않은 옥돌을 바쳤다 해도 왕에게 해가 될 것은 없다. 그러나 두 발을 잘리고 나서야 옥돌로 인정받았으니 보배로 인정받기란 이처럼 어려운 것이다."

세상에 어떤 보배도 그것을 알아주는 사람이 있어야만 그 가치가 드러날 수 있는 법입니다.

02 많으면 많을수록 좋다

多 多 益 善

다 다 익 선

多 많을 다　多 많을 다　益 더할 익　善 좋을 선

한고조(漢高祖) 유방(劉邦)이 천하의 패권을 잡을 수 있었던 데는 대장군 한신(韓信)의 공이 컸습니다.

한신은 젊은 시절 동네 불량배의 가랑이 사이로 기어가는 굴욕을 견디고 집이 가난하여 빨래하는 아낙네의 밥을 빌어먹곤 했습니다. 사람들은 그를 조롱하고 무시했습니다.

진(秦)나라 말기 한신은 어지러운 천하를 바로잡고자 초(楚)나라 땅에서 세력을 키우고 있던 항우(項羽) 밑으로 들어갔지만 그의 능력을 알아보는 사람이 없었습니다. 그저 키가 크고 풍채가 좋다고 집극랑이라는 말단 의장병을 맡았을 뿐입니다. 그래서 그는 항우를 떠나 유방에게로 갔습니다.

그러나 상황은 마찬가지였습니다. 심지어 능력을 인정받기는커녕 군령을 어기는 사소한 일로 처형당할 처지에 놓였습니다. 이때 한신의 비범함을 알아본 재상 소하(蕭何)의 강력한 추천으로 유방은 한신을 처형하는 대신 대장군으로 임명했습니다.

대반전으로 대장군이 된 한신은 탁월한 능력을 발휘하며 전투마다 승리로 이끌었습니다. 조(趙)나라, 연(燕)나라에 이어 불과 몇 년 만에 제(齊)나라까지 제압한 뒤 유방에게 청을 올려 제왕(齊王)에 임명되었습니다.

이제 천하에 한신의 손을 벗어난 곳이라고는 항우의 초나라만 남았습니다. 한신이 가진 군사력은 이미 유방을 훨씬 능가했습니다. 그런 상황을 알고 위협을 느낀 항우는 한신에게 무섭(武涉)을 보내 이렇게 제의합니다.

"한왕에게서 독립해 초나라와 손잡고 천하를 셋으로 나누어 한 곳의 왕이 되시지 않겠습니까?"

즉, 초나라 항우와 제나라 한신이 화친을 도모하여 천하를 항우, 유방, 한신 세 사람이 나눠 다스리는 천하삼분(天下三分)의 방안을 제시한 것입니다.

그러나 한신은 자신을 믿어준 한왕 유방을 배신할 수 없다며 그

유방의 인재 등용 전략

평범한 능력의 소유자 유방이 한나라의 초대 황제가 될 수 있었던 것은 천하의 전략가 장량(張良), 건국의 일등 공신이자 나라의 살림꾼 소하, 출전할 때마다 전공을 세우는 한신을 적재적소에 두었기 때문이다. 인재들의 능력을 제대로 평가하고, 그들의 장점을 최대로 발휘할 수 있는 환경을 만들어줌으로써, 한나라의 건국이라는 큰 업적을 이루어냈다.

제안을 거절했습니다.

한신이 천하의 대권을 잡을 수 있다고 판단한 인물은 또 있었습니다. 바로 제나라 출신의 유세가 괴통(蒯通)입니다.

관상을 잘 보았던 괴통은 자신의 관상에 대해 묻는 한신에게 "귀하게 되느냐 천하게 되느냐는 골격에 달려 있고, 근심이 생기느냐 기쁨이 생기느냐는 얼굴 모양과 빛깔에 달려 있다"며 "관상보다 더 중요한 것은 결단력이고 그것이 일의 성공과 실패를 결정짓게 될 것"이라고 말했습니다.

이어 그는 한신에게 이렇게 조언했습니다.

"아시다시피 지금 항우는 천하의 남쪽을 차지하고 유방은 서쪽을 차지하고 있습니다. 지금 동쪽인 제나라를 차지하고 있는 대장군께서 어느 편에 서느냐에 따라 항우와 유방의 운명이 결정될 것입니다. 유방이 대장군을 제나라 왕으로 삼은 것은 남쪽 초나라 항우를 견제하기 위한 조치에 불과합니다. 유방은 속으로 대장군의 존재를 탐탁지 않게 여기고 있습니다. 항우의 초나라가 망하고 천하가 통일되면 유방은 분명 대장군을 제거하고자 할 것입니다. 항우의 바람대로 이 기회에 천하를 셋으로 나누어 동쪽을 대장군이 독자적으로 다스리며 대업을 이룰 때를 기다리심이 현명합니다."

그러나 한신은 유방과의 의리를 저버릴 수 없다고 했습니다.

괴통은 다시 사냥감이 다 없어지면 사냥개는 삶아 먹히게 마련 [兎死狗烹]이라며 친분과 의리를 내세우는 것은 한순간에 허물어질 부질없는 것이라고 재차 설득했습니다.

고사성어 속 고사성어

토사구팽 兎死狗烹 | 토끼 토, 죽을 사, 개 구, 삶을 팽
'토끼가 죽으면 토끼를 잡던 사냥개도 필요 없게 되어 주인에게 삶아 먹히게 된다'는 뜻으로, 필요할 때는 쓰고 필요 없을 때는 야박하게 버리는 경우를 이르는 말.

한신은 좀 더 생각해보겠다고 대답하고 괴통을 돌려보내고는

결단을 내리지 못했습니다.

며칠 뒤 괴통이 답답해하며 한신을 만나 말했습니다.

"아무리 사나운 호랑이라도 꾸물거리고 있으면 벌이나 전갈만한 해도 끼치지 못하는 법입니다. 또한 아무리 뛰어난 천리마라도 주춤거리면 노둔한 말의 느릿한 걸음만 못합니다."

그러나 한신은 유방이 끝까지 자신의 편이 될 것이라 믿고는 괴통의 제안을 끝내 무시하고 말았습니다.

결국 괴통의 말은 현실이 되었습니다.

항우를 제압하고 천하의 주인이 된 유방은 천하통일의 일등 공신인 한신의 제왕 지위와 대장군 직위를 박탈하고 초왕(楚王)으로 강등시켰습니다. 당시 초나라는 한나라와 마지막까지 천하의 패권을 다투던 터라 한나라에 대한 감정이 아주 좋지 않은 지역이었고, 여러 나라에 둘러싸여 있어 견제받게 하려고 일부러 한신을 초왕으로 앉혔던 것입니다.

이듬해, 예전 초나라 항우의 용맹한 부하 장수였던 종리매(鍾離昧)가 오랜 친구였던 한신에게 몸을 맡기러 찾아왔습니다. 이 사실을 안 유방은 항우와 싸울 때 여러 번 종리매에게 당했던 악몽이 되살아나 크게 노여워했습니다. 그래서 한신에게 당장 종리매를 압송할 것을 명했으나 한신은 차마 친구를 죽게 내줄 수 없어 오히려 숨겨주었습니다.

한신은 초나라로 좌천되긴 했으나 그 위세가 대단했고 현과 읍을 순행할 때마다 군대를 사열했습니다. 누군가 이 모습을 보고 한신이 역모를 꾸미고 있다고 상소를 올렸습니다.

머리끝까지 화가 난 유방이 한신을 어떻게 체포하면 좋을지 모사 진평(陣平)에게 물었습니다. 백전불패(百戰不敗)의 명장인 한신을 무력으로 제압하기 쉽지 않다고 생각했기 때문입니다.

유방은 진평의 계책에 따라 춘추전국 시대 초나라 왕의 수렵 장소인 운몽(雲夢)이라는 큰 호수로 제후들을 소집했습니다. 이때 한신이 나오면 사로잡고 나오지 않으면 제후들의 군사로 치러갈 계획이었습니다.

누군가가 불안감을 느낀 한신에게 종리매의 목을 들고 찾아가면 유방이 기뻐하며 믿어줄 것이라 건의했습니다. 한신은 종리매에게 이 이야기를 전했습니다. 그러자 종리매가 격분하며 말했습니다.

"한고조 유방이 초나라를 치지 않는 것은 자네 곁에 내가 있기 때문인 걸 모르는가. 그런데도 자네가 내 목을 유방에게 가지고 가겠다면 기꺼이 내 손으로 잘라주지. 하지만 그때는 자네도 망한다는 걸 잊지 말게. 자네는 큰 인물이 못 되는군. 내가 사람을 잘못 보았네."

종리매가 자결하자 한신은 그 목을 가지고 유방을 찾아갔습니다. 하지만 오히려 반역죄로 체포당했습니다. 이에 한신이 분개하여 이렇게 말했습니다.

"교활한 토끼 사냥이 끝나면 명견이던 사냥개는 삶아 먹히고, 높이 나는 새를 다 잡고 나면 명품 활은 창고에 처박히며, 적국을 멸하고 나면 지혜 있는 신하는 버림을 받는다고 하더니 내가 삶아 먹히게 생겼구나."

유방은 한신을 죽이지는 않고 회음후(淮陰侯)로 좌천시킨 뒤 주거를 도읍인 장안으로 제한했습니다. 당연히 한신과 유방 간의 관계는 악화되었습니다.

그러던 어느 날, 유방이 연회를 열어 한신을 초대하고는 그와 더불어 부하장수들의 인성과 능력에 대해 이야기를 나누었습니다. 막힘없는 논리로 장수들을 예리하게 분석하는 한신에게 유방이 슬쩍 물었습니다.

"자네가 보기에 짐은 어느 정도 군사를 거느릴 수 있을 것 같은가?"

한신이 대답했습니다.

"폐하께서는 넉넉잡아 10만 정도를 거느리실 수 있을 것으로 생각됩니다."

겨우 10만 정도라고 한 말에 비위가 거슬린 유방이 다시 물었습니다.

"그렇다면 그대는 어느 정도를 거느릴 수 있는가?"

그러자 한신이 대답했습니다.

"저는 많으면[多] 많을수록[多] 좋습니다[善]. 군사가 많을수록 더 잘 다스릴 수 있습니다."

이 말을 들은 유방이 껄껄껄 웃더니 물었습니다.

"그래? 그럼 그렇게 뛰어난 그대가 왜 나의 포로가 되었는가?"

한신이 말했습니다.

"폐하께서는 병사들의 장수는 될 수 없지만 장수들의 장수는 되실 수 있다는 말씀입니다. 더욱이 폐하께서는 하늘이 보우하시니 사람의 힘으로는 어쩔 도리가 없는 지위에 계십니다. 이게 제가 폐하께 사로잡힌 까닭입니다."

유방과 한신의 이 대화에서 '많으면 많을수록 좋다'는 뜻인 다다익선(多多益善)이라는 말이 나왔습니다.

이후 한신은 병을 핑계 삼아 조정 회의에 참석하지 않았습니다.

그러다 한고조 즉위 10년 되던 해 한신은 거록군의 태수였던 진희(陳豨)와 역모를 꾸미다가 유방의 아내 여후(呂后)와 자신을 추천해준 소하에게 속아 붙잡혔고, 결국 부모와 형제, 아내와 자식까지 삼족(三族)이 멸해지는 운명에 처하고 말았습니다.

한신은 한나라가 천하의 패권을 잡는 데 일등 공신으로, 중국 역사상 가장 뛰어난 대장군으로 불립니다. 이처럼 뛰어난 역량과 드높았던 자긍심은 오히려 그에게 화가 되고 말았습니다.

유방은 한신의 작위를 왕에서 후작으로 강등시키는 선에서 그를 용서했는데, 한신은 이를 고마워하지 않고 원망하는 마음을 가졌습니다. 평소 자신이 아래로 보았던 이들과 같은 반열에 서게 되자 자존심이 상해 견딜 수 없었습니다. 만약 그가 젊은 시절처럼 인내하며 기다릴 줄 알았다면 인생이 달라졌을 것입니다.

비 슷 한 뜻 의 한 자 성 어

● **다다익판** 多多益辦 | 많을 다, 많을 다, 더할 익, 힘들일 판
많으면 많을수록 더 잘 처리함을 뜻함.

03 하찮은 재주가 귀하게 쓰이다

鷄 닭 계 鳴 울 명 狗 개 구 盜 훔칠 도

중국 전국 시대 제나라에 전문(田文)이라는 사람이 살았습니다. 그는 이름보다 맹상군(孟嘗君)이란 시호로 더 유명했습니다.

맹상군의 아버지 전영(田嬰)은 제나라 선왕(宣王)의 동생으로 설(薛) 땅 1만 가구를 다스리고 있었습니다.

왕족 신분으로, 큰 부자였던 그는 아들만 40여 명을 두었습니다.

맹상군은 형제들 사이에 벌어질 치열한 후계자 다툼에서 가장 불리했습니다. 어머니가 천민 출신이었던 터라 다른 형제들에 비해 존재감이 크게 떨어졌습니다.

더구나 그 당시엔 '5월 5일에 태어난 아이는 키가 문설주 높이까지 자라면 남자아이는 아버지를, 여자아이는 어머니를 해친다'는 속설이 있었는데, 맹상군의 생일이 바로 음력 5월 5일이었습니다. 이에 전영은 맹상군의 어머니에게 아이를 절대 키우지 말라고 엄명을 내렸습니다. 하지만 어머니는 몰래 숨어 아기 맹상군을 키웠습니다. 맹상군은 어려서부터 제대로 못 먹고 자라서인지 몸이 왜소하여 볼품이 없었습니다. 최악의 조건에서 태어난 맹상군이 후계자가 되는 것은 꿈도 꾸지 못할 일이었습니다.

　어느 날, 맹상군의 어머니가 형제들의 도움을 받아 맹상군이 아버지 전영을 만나게 해주었습니다. 전영은 맹상군을 보자마자 불같이 화를 내며 맹상군의 어머니를 꾸짖었습니다.

　"아이를 내다버리고 키우지 말라고 하지 않았소? 감히 살려두었다니 도대체 이게 어찌 된 일이오?"

　이때 맹상군이 아버지에게 머리를 조아리며 입을 열었습니다.

　"도대체 무슨 까닭으로 저를 죽이라 하셨습니까?"

　"이놈아, 그걸 몰라서 묻느냐? 네가 태어난 날이 5월 5일이다. 그날 태어난 아이는 키가 문설주 높이까지 자라면 부모를 해친다고 하지 않느냐?"

　맹상군이 아버지에게 되물었습니다.

"사람의 생명을 내려주는 것이 하늘입니까, 아니면 문설주입니까?"

갑작스러운 질문에 전영이 대답을 하지 못하고 머뭇거리자 맹상군은 말을 이어갔습니다.

"하늘이 주는 것이라면 아버지와 상관이 없고, 문설주가 주는 것이라면 제 키보다 더 높게 문을 고치면 될 것 아닙니까?"

전영은 어린 맹상군의 당당한 태도와 논리정연한 언변을 보고 놀랐습니다.

이후 아버지 집에 살게 된 맹상군은 집안의 재산이 어떻게 쓰이는지 유심히 살펴보게 되었습니다.

그러던 어느 날, 맹상군이 아버지를 찾아가 말했습니다.

"아버지 집안에는 막대한 재산이 있으나, 문하에는 현명한 사람을 단 한 명도 찾아보기 힘듭니다. 우리 집안의 하녀와 하인들은 비단옷을 밟고 다니고 쌀밥과 고기를 남길 정도로 헤프게 생활하는 반면, 제나라의 선비들은 짧은 베옷 한 벌 제대로 얻지 못하고 지게미와 쌀겨조차 배불리 먹지 못하는 실정입니다. 지금 바깥세상에는 뜻을 펴지 못한 인재가 많이 있습니다. 그들을 식객으로 받아들여 훗날을 기약하는 것이 좋겠습니다. 재물을 좀 더 명분 있는 곳에 지혜롭게 쓴다면 우리 집안이 자손 대대로 더욱 빛날 것입니다."

전영은 아들 맹상군의 말에 공감하며 그 제안을 수용했습니다. 그 뒤로 전영의 집에는 수많은 사람이 찾아와 북적댔고 맹상군은 그들을 대접하고 관리하는 총책임을 맡았습니다. 맹상군은 식객들을 정성껏 대했고 치밀하고 공평하게 관리했습니다.

식객들 중에는 하찮은 재주꾼이나 좀도둑으로 도망다니는 사람들까지 있었지만, 그는 신분과 직업의 귀천을 따지지 않았습니다. 그가 식객들을 후하게 대접한다는 소문이 서서히 퍼져나가면서 맹상군의 명성도 높아졌습니다.

이 과정을 지켜본 전영은 자신의 후계자로 맹상군을 지명했습니다. 태어났을 때 목숨마저 위태로웠던 맹상군의 인생역전이 시작된 것입니다.

사람들은 제나라의 맹상군을 위나라의 신릉군, 조나라의 평원군, 초나라의 춘신군과 함께 전국 시대 사군자(四君子)라 불렀습니다. 그의 밑으로 찾아든 식객들은 무려 3000여 명이나 되어 제나라 왕에게 위협이 될 정도였습니다.

이런 맹상군의 명성과 능력을 탐낸 사람이 있었습니다. 바로 전국 시대 최강대국 진(秦)나라의 소양왕(昭襄王)이었습니다. 그는 기원전 299년, 맹상군에게 진나라에 와서 일해달라고 제안했습니다. 당시 진나라의 국력이 워낙 강했던 터라 소양왕의 말은 함부로 거절할 수 없는 힘이 있었습니다.

맹상군은 많은 식객을 거느리고 진나라로 찾아갔습니다. 소양왕은 반색하며 맹상군을 맞아들였고 장차 재상 자리를 주고자 했습니다.

그렇게 몇 달이 지나자 진나라 조정이 술렁거렸습니다. 굴러온 돌이 박힌 돌을 빼낼까 봐 두려웠던 신하들이 맹상군을 모함하기 시작했습니다. 그들 중 누군가 소양왕에게 이렇게 말했습니다.

"맹상군이 뛰어난 인재인 것은 인정합니다. 하지만 그는 어쩔 수 없는 제나라 출신입니다. 그가 진나라의 재상 자리에 오른다 해도 결국 제나라를 위하는 정책을 펼 게 분명합니다. 그러니 그를 재상으로 삼는다면 우리나라에 장차 화근이 될 것입니다. 하지만 그렇다고 해서 그를 제나라로 돌려보내서도 안 됩니다. 훗날 골칫거리가 될 테니 반드시 죽여 없애야 합니다."

이 말을 듣고 겁이 덜컥 난 소양왕은 맹상군을 숙소에 연금시키고 죽일 계획을 세웠습니다.

이 사실을 알게 된 맹상군 일행은 공포에 휩싸여 비상 대책회의를 열었습니다. 먼저 정보에 밝은 식객 하나가 소양왕에게는 그가 유난히 총애하는 연희라는 첩이 있다는 것을 알아냈습니다. 맹상군은 식객을 은밀히 연희에게 보내 소양왕의 마음을 돌려달라고 구원을 청했습니다. 그러자 연희는 이렇게 말했습니다.

"맹상군에게 하얗고 부드러운 여우 겨드랑이털로 만든 호백구라는 귀한 옷이 있다고 들었소. 그 호백구를 준다면 모를까."

호백구는 옷 한 벌을 짓는데 여우 만 마리가 필요할 정도로 당시 최고가 명품 의류였습니다. 연희는 맹상군이 진나라에 들어왔을 때 소양왕에게 호백구를 선물로 바친 것을 보고는 그렇게 말한 것이었습니다. 맹상군은 매우 난처해졌습니다.

"내게 단 한 벌밖에 없는 호백구는 이미 소양왕의 손에 있으니 지금 어디서 호백구를 구한단 말인가."

이때 식객들 중 가장 말단 자리에 앉아 있던 식객 하나가 손을 들었습니다.

"간단합니다. 호백구를 훔쳐서 연희에게 주면 되지 않습니까."

그 식객은 개 흉내를 내며 물건을 훔치던 도둑이었습니다. 그는 밤중에 개 가죽을 뒤집어쓰고 소양왕의 창고에 몰래 들어가 능숙한 솜씨로 호백구를 훔쳐왔습니다. 맹상군은 그것을 연희에게 갖다 바쳤습니다.

옷을 보고 매우 기뻐한 연희는 소양왕을 구슬려 맹상군을 풀어 주게 했습니다. 특기가 도둑질인 식객 덕분에 맹상군은 일단 목숨을 부지할 수 있었습니다.

맹상군은 식객들을 이끌고 황급히 진나라를 떠났습니다. 하지

만 국경 지역 함곡관에서 난관에 부딪쳤습니다. 한 명만 지키면 누구도 통과하지 못한다는 말이 있을 정도로 험하기로 유명해 '천하제일험관(天下第一險關)'이라 불리는 이 관문이 굳게 닫혀 있었던 것이었습니다.

맹상군은 위조한 통행허가증을 내보이며 그곳을 지키는 경비병에게 문을 열어달라고 사정했습니다.

"이곳 함곡관은 관문 규칙에 따라 새벽닭이 울어야만 열어주게 되어 있소. 허가증이 있어도 지금은 나갈 수 없소."

범 같은 진나라의 군사들이 도끼눈을 뜨고 막아섰습니다.

한편, 소양왕은 맹상군 일행을 풀어준 것을 크게 후회하고 군대를 보내 추격하라고 명령했습니다. 아직 새벽이 되려면 시간이 한참 남았는데 맹상군 일행은 관문에 막혀 한 발짝도 더 나아가지 못하고 있었습니다. 게다가 소양왕이 보낸 추격대가 뒤쫓아 달려오고 있었습니다. 관문이 열리기 전에 떼죽음을 당할 급박한 상황이었습니다. 바로 이때였습니다.

"제가 닭이 울도록 만들어보겠습니다."

식객 중 성대모사의 달인 하나가 닭 울음소리를 내자 온 성내 닭들이 일제히 따라 울기 시작했습니다. 곧 굳게 닫혔던 거대한 함곡관의 문이 열렸습니다. 맹상군은 극적으로 진나라 탈출에 성공했습니다. 사람들은 맹상군이 아무나 식객으로 받아들여 풍속의 타락을 불러왔다고 비판하기도 합니다. 하지만 식객들 중에 가장

한 뼘 더 깊게

함곡관(函谷關)은 어떤 곳?

중국의 허난성(河南省) 서북부에 있는 관문. 고원 지역에 세워진 함곡관은 진(秦)나라에서 전국 시대 6국으로 통하던 관문으로, 진나라 수도 함양을 방어하는 난공불락의 요새였다. 함곡관이라는 이름 또한 깊게 파인 황토층의 절벽으로 둘러싸인 골짜기[谷]에 세워져 벼랑 위 나무들이 햇빛을 가려 낮에도 어두컴컴하며, 모양이 상자[函]처럼 생겼다고 해서 붙여졌다.

낮은 자리에 있는 하찮은 신분의 재주꾼들 덕분에 목숨을 건질 수 있었습니다.

닭 울음소리와 개 짖는 소리를 흉내 내어 도둑질 하는 사람을 뜻하는 계명구도(鷄鳴狗盜)라는 말은 이 이야기에서 나왔습니다.

사람은 누구나 한 가지씩 재능을 타고났습니다. 본디 그 능력에는 귀하고 천함이 따로 있지 않습니다. 아무리 하찮은 재주라도 소중히 여겨야 큰일을 도모하는 데 요긴하게 쓰일 수 있습니다.

비 슷 한   뜻 의   한 자 성 어

● 계명지객 鷄鳴之客 | 닭 계, 울 명, 어조사 지, 손님 객
닭 울음소리를 잘 흉내 내는 사람을 이르는 말.

인재 영입에 정성을 들이다

三 顧 草 廬
삼 고 초 려

三 석 삼　顧 돌아볼 고　草 풀 초　廬 오두막집 려

후한(後漢) 말기 황실의 먼 후손인 유비(劉備)는 어릴 적 아버지를 여의고 가난하게 살았습니다. 그는 홀어머니와 함께 돗자리를 짜고 신발을 만들어 팔면서 생계를 이어갔습니다.

유비는 황건적의 난이 일어나자 어지러운 천하를 바로잡고 흔들리는 한(漢)나라 황실을 부흥시키려는 뜻을 품었습니다. 그러고는 관우(關羽), 장비(張飛)와 의형제를 맺고 함께 군사를 일으켰습니다. 그러나 그의 곁에는 관우, 장비, 조운(趙雲) 등 뛰어난 무예를 자랑하는 장수들만 있었을 뿐, 명석한 두뇌로 전략을 짜는 지략가는 없었습니다. 그래서 한나라의 마지막 승상이자 동시대 패권을 다퉜던 조조(曹操)보다 한 수 아래로 보였습니다.

조조에게 크게 패하고 쫓기던 유비는 형주자사 유표(劉表)에게 수년간 몸을 의탁했습니다.

조조가 북방에서 원소의 세력을 소탕하고 있을 때, 유비는 형주의 변방 신야성(新野城)에서 세월을 헛되이 보내고 있었습니다. 재기를 노리던 그는 병법에 통달하고 천하의 형세를 읽어낼 책사를 찾고 있었습니다.

한 뼘 더 깊게

조조가 원소를 소탕한 이야기

조조와 원소는 함께 방탕한 청년 시절을 보낸 친구 사이였으나 군웅할거 시대에 서로 경쟁 구도를 이루게 된다. 원소는 초창기 막강한 권력과 군사력을 이끌고 하북 지역을 선점해 최대 군벌로 성장했다. 이에 위협을 느낀 조조는 뛰어난 지략을 바탕으로 공세를 펼쳐 원소를 소탕하고자 한다. 결국 원소는 관도대전에서 조조에게 대패한 후 목숨을 잃게 되고 조조가 중원의 패자로 부상한다.

그러던 중 서서(徐庶)를 소개받아 책사로 맞아들였습니다. 유비는 서서의 책략에 힘입어 조조의 부하 여광과 여상 형제의 침입을 막았고, 조인의 부대도 격파하는 등 크고 작은 몇몇 전투에서 승리했습니다.

그러자 서서는 조조의 골칫거리가 되었습니다. 조조는 책사 정욱의 계략에 따라 서서가 효심이 지극한 것을 이용해 그를 유비의 곁을 떠나 허창으로 오게 만들었습니다. 서서의 노모가 '아들이 보고 싶다'고 쓴 것처럼 가짜 편지를 써서 서서를 불러들인 것입니다.

서서는 어머니가 있는 조조의 본거지 허창으로 떠나면서 유비에게 말했습니다.

"저는 비록 혈육의 정을 어찌할 수 없어 조조에게 가지만 결코 그를 위해 일을 도모하지는 않겠습니다. 융중(隆中)에 가면 저보다 몇 배나 더 뛰어난 인재가 있는데 그를 한 번 만나보시는 게 어떻겠습니까?"

유비가 놀라며 물었습니다.

"그런 사람이 어디에 있단 말이오?"

"와룡선생(臥龍先生)이라 불리는 제갈량(諸葛亮) 공명(孔明)입니다. 말 그대로 아직 엎드려 있는 용이지요. 지금은 초야에 묻혀 농사를 짓고 있지만 천하에 둘도 없는 인재입니다."

유비가 말했습니다.

"당장 그를 만나보겠습니다. 그를 어서 불러와야겠소."

그러자 서서가 고개를 저으며 말했습니다.

"친히 찾아가셔야만 모실 수 있는 분입니다. 여기 앉아서 부른다고 오는 분이 결코 아닙니다."

유비는 서서의 당부대로 직접 제갈량을 찾아가기로 했습니다.

이튿날, 유비는 관우와 장비를 데리고 제갈량을 만나러 융중으로 떠났습니다. 장비는 뭐가 아쉬워 그따위 촌부를 찾아가야 하는지 모르겠다며 불평했습니다. 그러자 유비가 대답했습니다.

"아우는 맹자의 말씀도 듣지 못했나? '도로써 성현을 만나지 않으면 들어가려고 하면서 문을 닫는 것과 같다' 하지 않은가?"

유비 일행이 물어물어 제갈량의 초가 농막을 찾았을 때, 동자가 나와 말했습니다.

"지금 선생님께서는 산에 약초를 캐러 가셨습니다. 한 번 나가시면 여러 날, 여러 달이 걸릴 때도 있어서 언제 돌아오실지는 알수 없습니다."

유비는 어쩔 수 없이 발길을 돌렸습니다.

이후 섣달그믐이 되자, 제갈량이 돌아와 있다는 소식이 전해졌습니다. 유비는 다시 관우, 장비와 함께 제갈량을 만나러 떠났습니다. 한겨울 강추위와 눈보라를 뚫고 어렵게 제갈량의 농막을 다시 찾았습니다.

그러나 제갈량인 줄 알았던 사람은 그의 아우 제갈균이었습니다. 제갈균이 말했습니다.

"형님께서는 물을 즐기러 배를 타시기도 하고, 고승을 만나러 산에 오르시기도 합니다. 또 때로는 벗들을 만나러 마을로 가시기도 하고, 거문고를 연주하거나 바둑을 두러 다니시기도 합니다. 그러니 지금 어디 계신지, 언제 오실지는 알 수 없습니다."

유비 일행은 이번에도 신야로 돌아올 수밖에 없었습니다.

어느덧 겨울이 가고 따뜻한 봄이 돌아왔습니다.

어느 날, 유비는 사흘간 정성 들여 목욕재계하고 깨끗한 옷으로 갈아입은 후 다시 공명을 찾아갈 채비를 하고 있었습니다. 생각이 깊은 관우조차 그 앞을 막아섰지만 끝내 유비의 고집을 꺾지 못했습니다.

세 사람이 제갈량의 농막 문 앞에 이르자 전날의 그 동자가 사립문을 열고 나왔습니다.

"오늘은 선생님이 계시기는 하지만 지금 낮잠을 주무시고 계십니다."

유비는 관우와 장비를 문밖에서 기다리게 하고 혼자만 안으로 들어갔습니다. 과연 제갈량은 초당의 침상 위에서 깊은 잠에 빠져 있었습니다. 유비는 초당 댓돌 아래에서 꼼짝하지 않고 서서 기다렸지만, 반나절이 지나도록 제갈량은 잠에서 깨지 않았습니다.

그러자 화가 머리끝까지 오른 장비가 당장 깨우라며 소리를 질렀습니다.

 “어린놈이 감히 한나라 좌장군께서 세 번이나 먼 길을 오셨는
데 버선발로 나와 맞이하지는 못할망정 잠이나 자고 있다니. 내가
이 농막을 모조리 불질러버릴 테다. 그러면 제까짓 게 나오지 않고
는 못 배기겠지.”

 이런 소동에 제갈량이 잠에서 깨자 비로소 유비는 그를 마주
대할 수 있었습니다.

 드디어 세 번을 찾아간 끝에 제갈량을 만나게 된 것입니다.

 당시 마흔일곱의 유비는 황실의 종친으로, 한나라 좌장군 작위
를 가졌으며 조조의 맞수로 명성이 높았습니다. 이를 감안하면,
자기보다 스무 살이나 어린 무명의 농사꾼을 세 번씩이나 찾아가
현자라고 극진히 모신 것은 대단한 일이었습니다.

 유비가 제갈량에게 절하며 말했습니다.

"제가 비록 이름 없고 덕도 부족하지만, 저를 비천하다 외면하지 마시고 도와주십시오. 선생의 가르침을 잘 따르겠습니다."

그러자 제갈량이 대답했습니다.

"저는 오랫동안 농사일을 낙 삼아 살아오느라 세상일은 잘 모릅니다. 그러니 저는 장군의 명을 받들기 어렵습니다."

그때 유비는 울면서 간청했습니다.

"선생께서 세상에 나오지 않으시면 어지러운 세상에서 도탄에 빠진 저 불쌍한 백성들은 어떻게 합니까?"

유비의 눈물이 옷깃과 도포자락을 적셨습니다.

그의 겸손하고 간절한 태도에 감동한 제갈량은 마침내 유비를 도와 천하를 도모하기로 결심했습니다.

이후 유비는 비록 나이는 자신보다 한참 어리지만, 조조나 손권

**고사성어 속
고사성어**

수어지교 水魚之交 | 물 수, 물고기 어, 어조사 지, 사귈 교

물고기는 물이 없으면 살 수 없다. 이렇게 '물고기와 물의 관계'처럼 서로 떨어질 수 없는 아주 친밀한 사이를 이르는 말. 유비가 제갈량을 총애하자 관우와 장비는 이를 탐탁지 않게 여긴다. 이때 유비는 이들을 달래며 "나에게 공명(제갈량)은 물고기가 물을 만난 것과 같다. 두말 없기를 바란다"고 말한다.

에 비해 부족한 자신을 믿고 따라와준 제갈량을 스승으로 극진히 모셨습니다. 제갈량 역시 이름 없는 시골 선비에 불과했던 자신을 세 번이나 찾아준 유비에게 평생 고마운 마음을 간직하며 그를 돕는 일에 최선을 다했습니다. 유비는 자신과 제갈량의 관계를 물고기와 물처럼 서로 뗄 수 없는 사이[水魚之交]라고 표현할 정도로 그를 아꼈습니다.

유비가 제갈량을 얻기 위해 그의 초가 농막을 세 번이나 찾아간 이 이야기에서 삼고초려(三顧草廬)라는 말이 나왔습니다. 이 고사성어는 뛰어난 인재를 얻기 위해 정성을 다하는 것을 비유할 때 쓰입니다.

비 슷 한 뜻 의 한 자 성 어

● 삼고지례 三顧之禮 | 석 삼, 돌아볼 고, 어조사 지, 예도 례(예)
인재를 맞아들이기 위하여 참을성 있게 노력함을 이르는 말.

인재를
알아보는 능력

伯 樂 一 顧
백 락 일 고

伯 맏 백 樂 즐길 락(낙) 一 하나 일 顧 돌아볼 고

중국 전국 시대의 대표적 유세가 소진(蘇秦)의 동생 소대(蘇代)가
연(燕)나라를 위해 제(齊)나라에 유세차 들렀습니다.

반드시 유세를 성공시켜야 했는데 제나라 왕을 만나는 게 쉽지
않자, 소대는 익살스러운 말재주로 유명한 순우곤(淳于髡)을 찾아
갔습니다.

순우곤은 왜소하고 볼품없는 외모를 가지고 있었지만, 뛰어난
언변과 설득력을 지닌 사람이었습니다. 다음과 같은 일화를 보면
순우곤이 어떤 사람인지 알 수 있습니다.

한번은 제나라 위왕(威王)이 향락에 빠져 국정을 돌보지 않는데도 누구 하나 나서서 충언하는 사람이 없었습니다. 그러자 순우곤이 평소 수수께끼를 좋아하던 위왕에게 질문을 던졌습니다.

"우리나라에서 가장 큰 새 한 마리가 궁정에 앉아 있는데, 3년 동안 날지도, 노래하지도 않습니다. 이 새를 어떻게 해야 할까요?"

위왕은 이것이 자신을 비유한 말임을 알고 대답했습니다.

"그 새는 오랫동안 날지 않았으니 한 번 날기만 하면 하늘 높이까지 이를 것이고, 노래하지 않았으니 한 번 울면 사람들을 놀라게 할 것이오."

그러고는 마음을 다잡고 국정 운영에 힘써 제나라를 안정시켰습니다.

순우곤의 능력과 영향력을 익히 알고 있던 소대는 순우곤을 찾아가 제나라 왕을 먼저 만나줄 것을 부탁했습니다. 그때 소대는 순우곤에게 400여 년 전 이야기를 들려주며 이렇게 설득했습니다.

"옛날에 준마를 팔고자 하는 사람이 있었습니다. 사람들의 왕래가 잦은 장터에 사흘 동안이나 서 있었지만, 아무도 그의 말을 거들떠보지 않았습니다. 그래서 그 사람이 백락(伯樂)을 찾아가서 말했습니다. '제가 말을 팔려고 사흘씩이나 장터에 서 있었지만, 거들떠보는 사람조차 없었습니다. 그래서 부탁드립니다. 선생께서 제 말을 보신 다음 가시면서 한 번만 슬쩍 돌아봐주십시오. 사례는 충분히 해드리겠습니다.' 백락은 그의 부탁대로 시장에 가서 그 말의 다리, 엉덩이, 목덜미, 갈기 등을 감탄하는 눈길로 살펴보다가 아무 말 없이 그 자리를 떴습니다. 몇 걸음을 가다가 다시 아쉬운 듯 그 말을 돌아보고는 그냥 갔습니다. 그랬더니 하루아침에 말값이 열 배까지 뛰어올랐습니다. 지금 제가 준마가 되어 왕을 뵙고자 하나, 아무도 저를 돌아봐주지 않습니다. 선생께서 저의 백락(伯樂)이 되어주시지 않겠습니까? 그러면 백옥 구슬 한 쌍과 황금 24냥을 드리겠습니다."

순우곤이 그의 말을 듣더니 "그대의 생각을 잘 전하겠소"라고 대답하고는 왕에게 보고하며 소대를 천거했습니다.

마침내 제나라 왕이 소대를 불러 만나더니 매우 기뻐했습니다.

'백락이 한번 돌아보자 말값이 갑자기 뛰었다'라는 이야기에서 백락일고(伯樂一顧)라는 고사성어가 나왔습니다. 누군가 아무리 뛰어난 능력을 가지고 있어도 알아보는 사람이 있어야 빛을 본다는 뜻으로 쓰입니다.

전국 시대에 말은 상당히 고가여서 명마 감별사를 대동할 정도로 신중하게 거래했습니다. 말은 교통과 운송수단이었을 뿐 아니라 전쟁에 중요한 물자였기 때문입니다.

말을 감별하는 것을 상마법(相馬法)이라고 하는데, 당시에는 말 감별을 직업으로 삼은 사람들도 있었습니다. 기원전 630년 춘추 시대, 손양(孫陽)은 진(秦)나라 목공 무렵 말을 감정하는 신하였습니다. 당대 최고의 말 감별사이자 수의학의 시조로 일컬어지는 그는 본명 대신 백락(伯樂)이라고 불렸습니다. '백락'이란 원래 전설에 나오는 천마(天馬)를 주관하는 별자리 이름으로, 손양은 말에 대한 지식이 탁월하여 그렇게 불렸다고 합니다.

하루는 손양이 고갯길을 내려가다가 허름한 소금 수레를 끌고 태항산(太行山)을 오르는 말을 보았습니다. 그 말은 늙은 데다 두 귀와 꼬리는 축 처진 채 발굽에는 힘이 없고 무릎은 꺾여 있었습니다. 침까지 질질 흘리며 용을 쓰더니 산 중턱에서 주저앉고 말았습니다.

한눈에 명마라는 것을 알아차린 손양이 그 말을 감별해보니 하루에 천 리를 달린다는 천리마(千里馬)였습니다. 손양이 마부에게 물었습니다.

"아니, 이런 명마로 왜 소금 수레를 끌고 있소?"

"아, 그런가요? 수레나 끌게 하려고 십 년 전에 아무 말이나 사 온 것인데."

손양은 주인을 잘못 만난 천리마를 끌어안고 통곡하며 입고 있던 비단옷까지 덮어주었습니다. 이 이야기에서 기복염거(驥服鹽車) 라는 고사성어가 나왔습니다.

고사성어 속 고사성어

기복염거 驥服鹽車 | 천리마 기, 멍에 씌울 복, 소금 염, 수레 거

하루에 천 리를 달리는 명마가 소금 수레를 끈다는 뜻으로, 유능한 사람이 천한 일에 종사함을 비유적으로 이르는 말. 뛰어난 사람이 알아봐주는 사람을 만나지 못해 능력에 맞지 않는 일을 하는 것을 일컫는 말로 쓰인다.

훗날 당(唐)나라 때의 문인 한유(韓愈)는 사람들에게 인재 알아보는 눈이 없음을 안타까워하며, 〈잡설(雜說)〉이란 글에서 다음과 같이 한탄했습니다.

"세상에는 백락(伯樂)이 있은 후에야 천리마가 있다. 천리마는 항상 있지만 백락이 늘 있는 것은 아니다. 비록 명마로 태어난다 해도, 노예의 손에 모욕이나 받으며 살다가 마구간에서 보통 말들과 다름없이 수명을 다하는 말은 천리마로 불리지 못한다. 천리마는 한 끼에 한 섬의 곡식을 먹어치우는 경우도 있다. 그러나 말을 기르는 자는 그 말이 하루에 천 리를 달릴 수 있는 능력이 있는 줄 모르고 먹이를 충분히 주지 않는다. 결국 배불리 먹지 못하니 기력이 달려 능력을 발휘하지도 못하고, 또 보통 말과 같아지려 해도 그렇게 되지도 않으니, 어떻게 그 말이 천 리를 달릴 수 있기를 바라겠는가? 함부로 채찍질하면서 먹이도 제대로 주지 않으니, 말이 울어도 그 뜻을 이해하지 못하고 채찍을 들고 다가서서 말하기를, '천하에는 좋은 말이 없다'고 한다. 아, 진정 좋은 말이 없는 것인가, 아니면 좋은 말을 알아보지 못하는 것인가?"

2장

자연은
깨달음의 보고

무모함이냐,
기개냐

螳 螂 拒 轍
당 랑 거 철

螳 사마귀 당　螂 사마귀 랑(낭)　拒 막을 거　轍 바퀴자국 철

《회남자(淮南子)》는 중국 한나라 때 회남왕(淮南王) 유안(劉安)이
춘추전국 시대 제자백가(諸子百家)들의 사상을 백과사전식으로
정리한 책입니다. 회남왕은 이 책을 만들어 한나라 7대 황제 무제
(武帝)에게 바쳤습니다. 다음은 《회남자》에 나오는 이야기입니다.

춘추 시대 제나라 12대 군주인 장공(莊公)은 무려 64년간(기원
전 795~731년) 나라를 다스렸습니다. 그는 재위기간 내내 국력을
키우는 데 힘써 백성들이 안심하고 생업에 종사할 수 있었습니다.

이때 다져진 국력은 그의 손자 환공이 춘추 시대 첫 패자가 되는 기틀이 되었습니다.

어느 날, 장공이 사냥하러 수레를 타고 행차길에 나섰습니다.

왕의 수레가 지나가자 모든 백성이 길가에 엎드려 머리를 조아렸습니다. 그런데 길 한가운데서 웬 벌레 한 마리가 앞다리를 도끼처럼 휘두르며 수레를 막아섰습니다.

장공이 마부에게 물었습니다.

"오호, 참 용감한 벌레로구나. 저놈의 이름이 무엇인가?"

마부가 대답했습니다.

"당랑(사마귀)이라는 벌레입니다. 앞으로 나갈 줄만 알고 뒤로 물러설 줄은 모르지요. 제 힘을 헤아리지 않고 어떤 강적도 가벼이 여겨 덤비는 습성이 있습니다."

실제로 곤충계 최고 포식자로 손꼽히는 사마귀는 다른 곤충들과는 달리 사람과 마주쳐도 도망가지 않습니다. 주된 먹이인 곤충과 거미뿐 아니라 자신보다 훨씬 덩치가 큰 새를 비롯해 도마뱀, 개구리, 생쥐, 뱀까지도 공격합니다. 용맹한 사마귀의 사냥술을 참고하여 당랑권이라는 무술이 만들어졌을 정도입니다.

부하의 말을 듣고 장공이 이렇게 이야기했습니다.

"사람으로 태어났다면 분명 용맹한 무인이었을 것이야. 비록 미물이긴 하나 저 용기와 기백을 존중해주고 싶구나."

장공은 수레를 돌려 사마귀를 피해 가도록 명령했습니다.

이것을 보고 장공의 부하 장수들은 장공에 대해 목숨 바쳐 충성할 만한 인물이라 여겼습니다.

한편, 전국 시대 초기 위(魏)나라 사람인 전자방(田子方)은 도덕과 학문으로 명성이 높았습니다. 위문후(魏文侯)는 그를 스승으로 삼았습니다.

언젠가 전자방이 길을 가다가 늙은 말을 끌고 가는 마부를 보고 그 말에 대해 물었습니다.

"이 말은 옛날에 제후가 기르던 가축인데 늙어서 쓸모가 없어져 내다팔려고 합니다"라고 마부가 대답했습니다.

이 말을 들은 전자방은 "말이 힘이 있을 때는 마음껏 부려먹다가 이제 늙었다고 푸줏간으로 보내는 것은 어진 사람으로 해서는 안 될 일이오"라면서 흰 비단 묶음을 주고 그 말을 사서 길렀습니다.

곤궁에 처한 선비들과 파면된 장수들은 이 이야기를 전해 듣고 자신들이 진정으로 믿고 따를 사람이 누군지 알게 되었습니다.

제나라 장공과 위나라 전자방은 아무리 미물이라도 귀하게 여김으로써 사람들이 자신을 따르게 만들었습니다. 반면, 장자는 《회남자》와 시각이 달랐습니다.

《장자》에 나오는 이야기입니다.

장여면(將閭勉)이란 사람이 동료 계철(季徹)을 만나 으스대며 제 자랑을 늘어놓았습니다.

"노나라 왕이 자꾸만 내게 가르침을 받고 싶다고 하기에 몇 번 사양하다가 한 수 가르쳐주었지."

계철이 장여면에게 뭐라고 가르쳐주었는지 물었습니다.

장여면은 무슨 대단한 것인 양 말했습니다.

"왕은 겸손히 행동하고 공정하게 일을 처리하며 사심 없이 인재를 발탁하면 백성이 잘 따를 것이라고 했네."

그러자 잠자코 듣고 있던 계철이 대답했습니다.

"그대가 했다는 말은 제왕이 갖추어야 할 도와 덕에 비하면 마치 사마귀가 앞발을 휘둘러 수레에 맞서는 것 같군. 또 함부로 그랬다가는 괜히 자네만 화를 입을 수도 있다네. 제왕의 도와 덕은 그런 뻔한 세속적 가르침으로 이루어지는 게 아닐세. 오히려 국정 운영을 그르치게 될 수도 있네."

이렇듯 당랑거철(螳螂拒轍)이라는 고사성어에 등장하는 사마 귀는 자기 분수를 모르고 무모한 행동을 하는 사람을 비유합니다. 반면에《회남자》에 등장하는 것처럼 자신의 한계를 뛰어넘어 도전 하기를 두려워하지 않는 용기 있는 사람을 상징하기도 합니다.

비슷한 뜻의 한자성어

● **당비거철 螳臂拒轍 | 사마귀 당, 팔 비, 막을 거, 바큇자국 철**
사마귀가 앞발을 들고 수레를 멈추려 했다는 뜻으로, 자기 분수를 모르고 무모하게 덤비는 것을 말함.

● **당랑지부 螳螂之斧 | 사마귀 당, 사마귀 랑(낭), 어조사 지, 도끼 부**
제 역량을 생각하지 않고, 강한 상대나 되지 않을 일에 덤벼 드는 무모한 행동을 이르는 말.

연륜은
무시할 수 없다

老 馬 之 智
노 마 지 지

老 늙을 로(노) 馬 말 마 之 어조사 지 智 지혜 지

춘추 시대 오패(五霸, 오패에 대해서는 2권 '10. 와신상담' 참조)의 한 사람인 제(齊)나라 환공(桓公) 때의 일입니다.

어느 해 봄, 환공은 명재상 관중(管仲)과 대부 습붕(隰朋)을 데리고 고죽국(孤竹國)을 정벌하러 나섰습니다.

예상과 달리 고죽국의 저항이 만만찮아 전쟁이 길어졌습니다. 겨울이 되어서야 겨우 고죽국 정벌에 성공한 환공은 강추위와 눈보라 속에 지름길을 찾아 귀국하다가 길을 잃고 말았습니다. 전군이 오도 가도 못하는 신세가 되어 추위에 떨고 있었습니다. 그때

고죽국의 백이와 숙제

고죽국(孤竹國)은 은(殷)나라 탕왕(湯王) 때 제후국의 하나다. 은나라가 주나라에 망하자 고죽국 군주의 두 아들 백이(伯夷)와 숙제(叔齊)가 망한 은나라에 대한 충정을 지키기 위해 주나라의 곡식을 먹지 않겠다며 수양산(首陽山)에 들어가 고사리를 캐먹다가 굶어죽었다는 이야기로 유명하다. 중국에서는 고죽국이 은나라의 제후국으로 기록돼 있지만, 여러 역사자료와 유물을 통해 발해만 연안에 위치했던 고죽국은 고조선의 제후국이었다는 증거들이 나오고 있다.

관중이 말했습니다.

"이런 때는 '늙은 말의 지혜[老馬之智]'를 이용하면 될 것입니다."

관중의 제안에 따라 환공은 즉시 늙은 말 한 마리를 풀어놓으라고 명령했습니다. 고삐에서 풀린 말은 길을 아는 듯 앞장서 걷기 시작했습니다. 전군이 그 말의 뒤를 따라 행군했습니다. 그러자 정말 얼마 안 가 큰길이 나타났습니다.

또 한번은 산길을 행군하다가 물이 떨어져 전군이 심한 갈증으로 고통받게 되었습니다.

이번에는 습붕이 말했습니다.

"개미들이란 원래 여름철엔 산 북쪽에 집을 짓고 살지만 겨울이 되면 산 남쪽 양지바른 곳에 집을 짓는 습성을 가지고 있습니다. 흙이 한 치쯤 쌓인 개미집을 찾는다면 그 땅속 일곱 자쯤 되는 곳에 물이 있을 것입니다."

환공이 군사들을 풀어 산을 뒤지게 한 끝에 그런 개미집을 찾아냈습니다. 그곳을 파 내려가자 정말 샘물이 솟아나 군사들이 모두 갈증을 해소할 수 있었습니다.

이 이야기를 기록한 한비자(韓非子)는 이렇게 말했습니다.

"옛사람 관중과 습붕은 탁월한 지혜를 지니고 있었음에도 모르는 것에 대해서는 미물에 불과한 말과 개미를 스승으로 삼는 것

을 꺼리지 않았다. 그런데 요즘 사람들은 자신이 지극히 어리석음에도 성인의 지혜를 스승으로 삼으려 하지 않는다. 이것은 뭔가 잘못된 일이 아닌가?"

이 고사에서 나온 노마지지(老馬之智)라는 말은 아무리 하찮은 존재라도 저마다의 장기나 장점이 하나씩은 있다는 의미입니다. 또한 위기 때는 연륜이 깊은 사람에게 지혜를 구하는 것이 좋다는 뜻으로도 쓰입니다.

비 숫 한   뜻 의   한 자 성 어

● 노마지도 老馬知道 | 늙을 로(노), 말 마, 어조사 지, 길 도
'늙은 말이 길을 안다'는 뜻으로, 경험이 많은 사람이 지혜를 갖추고 있음을 이르는 말.

방식은 달라도
본질은 같다

朝 三 暮 四
조　　삼　　모　　사

朝 아침 조　三 석 삼　暮 저물 모　四 넉 사

춘추 시대의 송(宋)나라는 주나라가 아닌 은나라의 후예였습니다. 그런 까닭에 주나라 계열의 제후국들과 다른 독특한 풍속이 많았습니다. 주나라 시대 이후 우스꽝스럽거나 어이없는 일을 일컫을 때 '송나라 사람들이 한 일'이라 조롱할 정도였습니다.

송나라에 저공(狙公)이라는 사람이 있었습니다. 그는 원숭이를 너무 좋아해 집에서 몇 마리를 길렀는데 어느덧 너무 많이 늘어났습니다. 저공이라는 이름도 긴팔원숭이를 뜻하는 저(狙)자에서 따왔다고 합니다. 그는 원숭이들의 생각을 이해할 수 있었고, 원숭이들도 저공의 마음을 헤아릴 수 있었습니다.

중국 남부에 많이 서식했던 긴팔원숭이는 다른 종의 원숭이에 비해 민첩한 데다 꾀가 많고 교활한 종으로 알려져 있습니다. 고대 중국에서는 아무데서나 게걸스럽게 먹어대는 일반 원숭이는 소인배 같다고 여겼던 반면, 나무 위에서 열매를 주로 먹고 긴팔로 빠르고 우아하게 이동하는 긴팔원숭이들은 군자 같은 동물로 대접받았습니다. 송나라 때부터는 상류층 사대부들이 집안에서 키울 정도로 비싼 반려동물이기도 했습니다.

한 뼘 더 깊게

국호가 같은 세 개의 송나라

중국에는 국호가 같은 세 개의 송(宋)나라가 있다. 첫째는 주(周)나라 무왕(武王)이 상(商)나라 폭군 주왕(紂王)을 멸한 뒤 서형(庶兄, 배다른 형)에게 상나라(=은나라) 유민을 다스리게 해 제후국으로 세운 송(기원전 1043~기원전 286년), 둘째는 남북조 시대 한족의 나라 남조(南朝)의 첫 번째 왕조인 송(439~479년), 셋째는 5대10국 시대 이후 태조 조광윤(趙匡胤)이 세운 송(960~1279년)이다.

저공은 자기 식구들이 먹는 양식까지 퍼다 먹일 정도로 원숭이들을 아꼈습니다. 하지만 원숭이의 수가 워낙 많다보니 머지않아

생활고에 허덕이게 되었습니다.

저공은 원숭이들에게 먹이를 조금씩만 공급해 경제 부담을 덜고자 했습니다. 먹이를 줄이면 혹시나 원숭이들이 자신을 따르지 않을까봐 꾀를 내어 이렇게 물었습니다.

"앞으로는 너희에게 도토리를 줄 때 아침에는 세 개, 저녁에는 네 개씩 주려고 하는데 어떠냐?"

그러자 원숭이들이 펄쩍 뛰며 아침에 하나가 부족하다고 분노를 터트렸습니다.

저공은 잠시 진정시킨 후 다시 말했습니다.

"좋다. 그럼 아침에 네 개, 저녁에 세 개씩 주면 만족하겠느냐?"

이에 원숭이 무리가 모두 엎드려 절하며 기뻐했습니다.

조삼모사(朝三暮四)는 《열자(列子)》〈황제편(黃帝篇)〉과 《장자(莊

子》〈제물론편(齊物論篇)〉에 나오는 이야기로, '못된 꾀로 사람을 속이는 것', '당장의 차이에만 눈이 멀어 저지르는 어리석은 행동'의 의미로 쓰입니다.

열자와 장자 두 사상가는 조삼모사 이야기를 통해 서로 다른 교훈을 전해줍니다. 먼저 열자는 저공처럼 말로 사람을 회유하여 어리석은 백성을 속이고 농락하는 제자백가를 비판했다면, 장자는 원숭이들처럼 사물이란 아무런 변화 없이 하나인데 눈앞의 이익 때문에 좋고 나쁜 것으로 구분하려 하는 당시 사람들의 어리석음을 지적했습니다.

비 슷 한 뜻 의 한 자 성 어

● 조변석개 朝變夕改 | 아침 조, 변할 변, 저녁 석, 고칠 개
'아침저녁으로 뜯어 고친다'는 뜻으로, 계획이나 결정을 일관성이 없이 자주 고침을 이르는 말.

09 쓸데없는
기다림

百 年 河 淸

백 년 하 청

百 일백 백   年 해 년   河 황하, 물 하   淸 맑을 청

춘추 시대 중반 주나라 영왕(靈王) 7년(기원전 565년)에 정(鄭)나라는 큰 위기를 맞이했습니다.

정나라가 초(楚)나라의 속국이었던 채(蔡)나라를 침공하여 공자 섭(燮)을 포로로 잡아간 일이 있었는데, 그해 겨울 초나라가 영윤인 자낭(子囊)을 앞세워 정나라에 보복전을 일으켰던 것입니다.

당시 약소국이었던 정나라는 진(晉)나라와 초나라 등 대국의 틈바구니에서 독립국가로 생존하기에 급급하던 상황이었습니다.

이에 정나라에서는 경대부 여섯 명이 모여 긴급 대책회의를 열

었습니다.

　회의는 진나라에 구원병을 요청하며 맞서 싸우자는 자공(子孔)·자교(子蟜)·자전(子展)의 주전론(主戰論)과 초나라에 조공을 바치고 화친해야 한다는 자사(子駟)·자국(子國)·자이(子耳)의 화친론(和親論)이 팽팽하게 맞섰습니다.

　도저히 결론이 나지 않자 대부 자사가 말했습니다.

　"주나라의 시(詩)에서 말하길, '황하의 물이 맑아지기를 기다리려면, 도대체 사람의 수명이 어느 정도여야겠는가? 점괘를 말하며 질문만 많다면 그물에 얽힌 듯 갈피를 잡지 못하게 되리라(周詩有

之曰 待河之淸 人壽幾何非云詢多 職競作羅'라고 했습니다. 정책이 이렇게 혼선을 빚으면 다급해 도망치는 백성이 많아지고, 일은 점점 더 이루기 어려워질 것입니다. 그러니 우선 잠시 초나라와 강화를 맺어 백성을 안심시키십시오. 만약 진나라 군대가 들어오면 그때는 또 진나라를 따르면 됩니다. 초나라와 진나라에 정중히 조공을 바치고 오는 자를 기다리는 것이 우리처럼 작은 나라가 살길입니다. 그러다가 강한 쪽과 연합해 백성들을 보호하면 됩니다. 침략군에게 백성들이 시달리지 않는 이런 정책을 취함이 옳지 않겠습니까?"

한 뼘 더 깊게

황하에 대해

세계 4대 문명의 발상지 중 하나인 황하강은 중국 북부를 서에서 동으로 흐르는 중국 제2의 강이다. 예로부터 '물 한 섬에 진흙 여섯 말[一石水六斗泥]'이 흐른다는 말이 있을 정도로 토사 이송량과 함유량이 세계에서 가장 많다. 한 해 13억~16억 톤에 이르는 엄청난 황토가 강 하류로 이송되는 까닭에 물이 누런빛을 띠고 있어 이름도 황하(黃河 누를 황, 강 하)로 불린다. 황토 퇴적물로 인해 강바닥이 평지보다 높다 보니 홍수 피해가 잦고 극심했다. 따라서 황하강을 다스리는 치수가 중국 황제의 가장 중요한 덕목 중 하나였다.

자사의 말은 진나라의 구원병을 기다리는 것은 황하가 맑아지기를 기다리는 것과 같다는 의미입니다. 자사의 조언대로 정나라는 초나라와 우선 화친을 맺고 위기를 모면했습니다.

《춘추좌씨전(春秋左氏傳)》에 나오는 백년하청(百年河淸)이란 말은 오랜 세월 누런 빛을 띠고 흐르는 황하는 백년을 기다린다 해도 맑아질 리가 없다는 뜻으로, '아무리 기다려도 이루어질 가망이 없다'는 의미로 쓰입니다.

비 슷 한 뜻 의 한 자 성 어

● 하청난사 河淸難俟 | 물 하, 맑을 청, 어려울 난, 기다릴 사
항상 흐린 황하의 물이 천 년에 한 번 맑아진다는 뜻으로, 기다릴 수 없거나 기약할 수 없음을 이르는 말.

10 헤아릴 길 없는 슬픔

斷 腸
단   장

斷 끊어질 단 **腸** 창자 장

《세설신어(世說新語)》는 중국 남북조 시대 송(宋)나라의 문학가 유의경(劉義慶, 403~444년)이 편찬한 인물 평전입니다. 중국 후한 말부터 동진(東晉)까지의 문인, 학자, 승려, 부녀자, 왕 등 인물의 이야기를 모은 이 책에는 다음과 같은 이야기가 실려 있습니다.

위진남북조 시대 동진의 환온(桓溫)은 나라의 병권을 잡은 장군이었습니다. 그는 무인 집안의 후손답게 자수정 같은 눈빛에 고슴도치털 같은 수염을 가졌으며 풍채가 뛰어난 데다 성격도 호탕

했습니다.

동진 명제(明帝)의 사위이기도 한 그는 여러 차례 북벌에 성공하고 반란을 진압한 동진의 실세였습니다.

안서장군이 된 환온은 347년 목제(穆帝)의 어명을 받고 촉(蜀)나라를 토벌하기 위해 떠났습니다. 하지만 촉 땅은 너무 멀고 분지 지형이라 정복하기가 쉽지 않았습니다. 게다가 환온이 거느린 군사도 7000명 정도에 불과했습니다. 그런 상황에서도 환온은 주변의 우려를 비웃듯 촉나라의 수도 성도(成都)를 쳐서 함락시키는 전과를 올렸습니다.

환온이 촉 땅을 정벌하러 갔을 때의 이야기입니다.

환온의 군대가 여러 척의 배에 나누어 타고 양자강을 거슬러 올라가고 있었습니다.

양자강 중류 사천성과 화북성 경계에 있는 삼협(三峽)을 통과할 때였습니다. 구당협(瞿塘峽)·무협(巫峽)·서릉협(西陵峽) 세 개의 좁고 험한 골짜기를 가리키는 삼협은 깎아지른 듯한 험한 절벽에 물살이 세기로 유명한 곳입니다.

환온이 탄 배의 부하 하나가 벼랑에 드리워진 덩굴줄기를 붙잡고 장난하던 긴팔원숭이 새끼 한 마리를 낚아챘습니다. 사실 양자강 주변은 긴팔원숭이들의 집단 서식지로 유명합니다. 그 부하는

애완용으로 기르려고 이 새끼 원숭이를 배에 실었습니다.

이것을 목격한 어미 긴팔원숭이가 슬피 울부짖으며 미친 듯이 배를 따라오기 시작했습니다. 강가에 병풍처럼 펼쳐진 절벽에도 아랑곳하지 않고 며칠 동안 필사적으로 배를 쫓아왔습니다.

환온의 선단은 100여 리(약 40킬로미터)나 나아간 뒤에 어느 강 기슭에 닿았습니다. 그러자 어미 긴팔원숭이는 혼신을 다해 배로 뛰어들더니 그대로 죽고 말았습니다.

그 애절한 울부짖음을 기억했던 병사들이 원숭이의 배를 갈라 보고는 깜짝 놀랐습니다. 어미 긴팔원숭이의 창자가 토막토막 끊어져 있었던 것입니다.

원숭이는 새끼가 성장할 때까지 늘 안거나 업고 다니는 등 유난히 모성애가 강한 동물입니다. 며칠 동안 어미 긴팔원숭이가 겪었던 격한 고통과 슬픔이 창자를 끊어놓을 만큼 컸던 것입니다.

이 사실을 알게 된 환온은 크게 화를 냈습니다.

"비록 짐승이라고는 하나 모정이 이렇듯 지극한데, 한낱 노리개로 삼으려고 이런 몹쓸 짓을 하다니."

고사성어 속 고사성어

유방백세 流芳百世 | 흐를 류(유), 꽃다울 방, 일백 백, 인간 세)

동진에서 오랫동안 권력을 장악하게 된 환온은 스스로 황제가 되고자 하는 야심을 드러냈다. 대신들은 환온의 세력이 커지는 것을 시기하고 두려워했다. 그들은 환온이 왕실을 장악하고 반란을 일으키려고 한다며 중상모략(中傷謀略)했다. 이처럼 지지기반이 약한 상황에서 환온은 369년 전연(前燕)을 치기 위해 북벌을 단행했다. 그러나 대군에 가로막힌 데다 보급마저 끊기면서 동진의 군대는 결국 패하고 말았다. 자존심이 무척 상한 환온은 어느 날 침대에 누워 천장을 바라보며 탄식했다.

"사내대장부로 태어나 유방백세도 못할 바에는 만세에 악명이라도 떨쳐야 하는데 그조차도 이루지 못했구나."

이 말에서 나온 유방백세(流芳百世)는 향기가 백대에 걸쳐 흐른다는 뜻으로, 훌륭한 명성이 후세에 길이길이 전해진다는 의미로 쓰인다.

그는 원숭이 새끼를 붙잡아 배에 실은 부하를 매질한 다음 내쫓았습니다.

이 이야기에 나오는 단장(斷腸)은 창자가 끊어졌다는 뜻으로, 격렬한 슬픔을 비유할 때 쓰입니다.

비슷한 뜻의 한자성어

● **단장지애** 斷腸之哀 | 끊어질 단, 창자 장, 어조사 지, 슬플 애
창자가 끊어질 듯한 슬픔이라는 뜻으로, 자식을 잃은 부모의 슬픔을 이르는 말. 새끼를 잃은 어미 원숭이가 창자가 끊어져 죽었다는 고사에서 유래함.

11 급류를 거슬러
성공의 문을 열다

登 龍 門
등   용   문

登 오를 등   龍 용 룡(용)   門 문 문

중국 후한 시대 제8대 순제(順帝) 때부터 어린 황제 대신 그 어머니 태후가 섭정하는 경우가 잦아지면서 외척(어머니 쪽의 친척)의 세력이 강해졌습니다.

제10대 환제(桓帝)는 이를 견제하기 위해 환관들의 힘을 빌렸습니다. 이를 계기로 권력을 장악한 환관들이 조정을 어지럽히자 사예교위(司隷校尉) 이응(李膺)과 태학의 유생들이 이들의 잘못을 탄핵했습니다. 사예교위는 황제의 친족을 포함한 조정 대신들을 감찰하는 직책입니다.

타락한 환관들에 맞서 나라의 기강을 바로잡으려고 한 이응은 성품이 고결하고 청렴결백하여 3만 명이나 되는 태학 유생들의 존경을 받는 인물이었습니다. 유생들이 "천하의 본보기는 이응이다"라는 노래를 지어 부를 정도였습니다.

그러나 환관들은 오히려 이응이 유생들과 함께 당파를 조직해 조정을 비난하고 풍속을 어지럽힌다는 죄목으로, 166년 이응과 지지자 200여 명을 투옥했습니다. 이것이 1차 당고지화(黨錮之禍)로 불리는 사건입니다. 여기서 당고지화란 당파를 조직한 '당인(黨人)'이 종신 '금고형(禁錮刑)'에 처해지는 화를 입었다는 뜻입니다.

환제가 죽고 영제(靈帝)가 즉위하자 이응 등 투옥당했던 인사들은 조정에 복귀했습니다. 그러자 다음해 환관들은 다시 전국적으로 반대파 지식인을 검거하기 시작했습니다. 1차 당고지화 때 화를 입었던 이응에게 사람들은 도망치기를 권했습니다. 이때 이응은 이렇게 말했습니다.

"임금을 섬길 때는 어려운 일도 사양하지 않고, 죄를 지었다면 벌을 피하지 않는 것이 절개요. 내 나이 이제 예순인데 죽고 사는 것이 하늘에 달려 있으니 어디로 도망간단 말이오?"

이렇게 2차 당고지화 때도 투옥당한 이응은 감옥에서 고문을 받다가 죽었습니다.

조정은 어지러워지고 기강이 무너져갔지만 이응만은 절의를 지키고 자신의 명예를 유지했던 것입니다. 그런 이유로 그는 20여 년에 걸친 혹독한 당고지화가 진행되는 동안 유생과 선비들의 정신적 지주로 추앙되었습니다. 당시 청년 관리와 선비들 중에 이응과 가까이 교류하게 되는 것을 '용문에 올랐다[登龍門]'라고 하며 큰 자랑으로 여겼습니다.

여기서 용문(龍門)은 무엇을 가리킬까요?

황하의 물길은 장안(長安)과 낙양(洛陽) 사이로 세차게 흐르다가 분수(汾水)와 만나는 하진(河津)이라는 곳에서 폭포가 되어 떨어집니다. 이 협곡에서 떨어지는 물은 만 가지 우레가 한꺼번에 울리는 듯한 소리를 내는데, 이 하진의 별명이 바로 용문입니다.

황하 상류의 협곡은 물살이 매우 거칩니다. 매년 봄이 되어 이곳에 물이 불어나면 산란을 위해 앞다투어 급류를 거슬러 튀어오르는 잉어들의 모습을 볼 수 있습니다. 그중에 기운 세고 용맹스러운 잉어가 마침내 급류를 뚫고 용문을 오르면, 비늘이 거꾸로 돋고 용으로 변하여 하늘로 오른다는 전설이 있습니다. 이를 어변성룡(魚變成龍)이라고 합니다.

용과 관련되어 있는 전설 때문에 옛사람들은 황하의 잉어를 신어(神魚)라고 부르며 뭇 물고기들의 주인으로 여겼습니다. 예부터 황하의 잉어들은 황톳빛 물에 배어 비늘의 색이 황제의 권위와 위엄을 상징하는 황금색을 띠기 때문에 귀한 어종으로 대접받았습니다.

한 뼘 더 깊게

등용문의 반대어 '점액'

등용문과 반대되는 개념으로 점액(點額 점 점, 이마 액)이라는 성어가 있다. 점액은 '이마에 난 상처'라는 말로, 용문에 오르려고 급류를 거슬러 올라가다 그만 바위에 부딪혀 이마가 깨져 피를 흘리며 떠내려가는 물고기를 뜻한다. 이 말은 시험에 떨어진 사람을 비유할 때 쓰인다.

용문에 오른다는 뜻의 등용문(登龍門)은 이응의 고사에서 보듯, 처음에는 '권위 있는 인사를 만나거나 과거에 급제하는 것'을 비유하는 말로 쓰였고, 이후 어려운 관문을 극복하고 뜻한 바를 이룬다는 의미로 쓰이고 있습니다.

비 슷 한 뜻 의 한 자 성 어

● **어변성룡 魚變成龍** | 물고기 어, 변할 변, 이룰 성, 용 룡(용)
물고기가 변하여 용이 된다는 뜻으로, 아주 곤궁하던 사람이 부귀를 누리게 되거나 보잘것없던 사람이 큰 인물이 됨을 이르는 말.

● **입신양명 立身揚名** | 설 립(입), 몸 신, 날릴 양, 이름 명
출세하여 이름을 세상에 떨침.

3장

참된 벗이란

12

목은 자를 수 있어도
우정은 자를 수 없다

刎 頸 之 交

문　　경　　지　　교

刎 자를 문　頸 목 경　之 어조사 지　交 사귈 교

중국 전국 시대 주변국을 복속시켜 영토를 확장해가던 진(秦)나라 소양왕은 화씨지벽(和氏之璧) 사건(자세한 내용은 2권 '14. 완벽' 참조)으로 인상여(藺相如)에게 망신당한 후 굴욕감으로 분해하고 있었습니다.

그 일이 있은 지 3년 후 소양왕은 또다시 일을 벌였습니다. 그는 조나라의 기를 꺾어놓기 위해 군사를 이끌고 조나라를 공격한 뒤 혜문왕(惠文王)에게 사신을 보냈습니다. 우호관계를 맺으려고 하니 황하 서쪽의 민지(澠池)라는 곳에서 양국의 정상이 모여 회맹(會盟, 모여서 서로 맹세함)을 갖자고 제의한 것입니다.

하지만 먼저 화씨지벽 사건에서 소양왕의 실체가 드러난 데다, 소양왕 즉위 초 초나라의 회왕(懷王)을 회맹자리에 불렀다가 회왕이 돌아가지 못하고 객사한 적도 있던 터라 혜문왕은 두려워 가지 않으려고 했습니다.

이때 조나라의 대장군 염파(廉頗)와 인상여가 나서서 사태를 헤아리며 이렇게 말했습니다.

"대왕께서 가시지 않으면 저들이 우리를 약소국에 겁쟁이로 여길 것입니다."

결국 혜문왕은 외교를 맡은 인상여와 함께 회맹 장소로 떠났고 나라 안은 염파가 굳게 지키기로 했습니다.

염파는 국경까지 이르러 혜문왕을 전송하며 말했습니다.

"대왕께서 행차하시는 거리를 계산해보면 만나서 예를 마치고 돌아올 때까지 30일이면 충분합니다. 만약 30일이 지나도 돌아오시지 않으면 태자를 즉위시켜 왕으로 삼을 수 있게 해주십시오. 진나라의 야망을 끊어놓겠습니다."

혜문왕은 이를 허락하고 길을 떠나 마침내 소양왕과 민지 땅에서 만났습니다.

연회에서 술을 마시고 거나하게 취한 소양왕이 혜문왕에게 비파 연주를 부탁했고 이에 혜문왕이 비파를 연주하자, 진나라 사관은 '진나라 왕의 명령에 따라 조나라 왕이 비파를 연주했다'고 기록했습니다.

혜문왕을 망신 주려는 뜻을 알아차린 인상여는 이에 질세라 소양왕에게 분부(盆缻, 진흙으로 만든 질장구) 연주를 청했습니다. 소양왕은 자신을 모욕하려는 속셈임을 알고 격노하며 그 요청을 허락하지 않았습니다. 그러나 인상여의 회유와 협박에 못 이겨 어쩔 수 없이 분부를 한 번 두들겼습니다.

이번엔 인상여가 조나라 사관을 불러 이렇게 적게 했습니다.

'진왕이 조왕을 위해 분부를 두드리며 연주했다.'

진나라의 소양왕은 설전과 재치로 응수하는 인상여 때문에 주연을 마칠 때까지도 끝내 조나라의 기를 꺾을 수 없었습니다. 게다가 조나라 국경은 염파 장군이 단단히 지키고 있었기 때문에 군대도 함부로 움직이지 못했습니다.

민지 회맹을 마치고 조나라로 돌아온 혜문왕은 기지를 발휘한 인상여의 공이 크다며 그를 상경(上卿)으로 삼았습니다. 그래서 인상여의 직위가 대장군 염파보다 더 높아졌습니다.

이를 시기한 염파가 말했습니다.

"나는 조나라 장수가 되어 군사들을 이끌고 성을 공격하고 들판을 달리며 큰 공을 세웠다. 목숨을 걸고 수없이 많은 전투를 벌여온 나에 비해 인상여는 세 치 혀를 놀린 것밖에 더 있는가? 그런데 지금은 환관의 식객이었던 인상여가 나보다 더 높은 자리에 앉게 되었다. 내가 그 천한 출신의 인상여 밑에 있다는 게 너무 부끄러워 참을 수가 없다."

그러면서 사람들 앞에서 "인상여를 만나기만 하면 반드시 모욕을 주겠다"고 공공연히 말했습니다.

이 말을 전해 들은 인상여는 염파와 마주치지 않으려고 그가 아침 어전회의에 나오는 날이면 병을 핑계대며 조정에 나가지 않았습니다. 또 밖에서 길을 가다가도 멀리 염파가 보이면 그를 피해 숨었습니다.

그러자 염파는 더욱 기세등등해졌고 염파의 종들뿐 아니라 주변인들도 인상여의 가족들까지 우습게 여겼습니다. 참다못한 인상여의 참모들이 불만을 터뜨리며 그의 곁을 떠나겠다고 말했습니다. 그 말에 인상여는 그들을 말리며 말했습니다.

"나는 강한 진나라 왕의 위세 앞에서도 그들의 조정을 꾸짖고 많은 신하를 욕보였소. 내 비록 능력이 부족하고 못난 인간이지만 어찌 유독 염 장군 정도를 두려워하겠소? 돌이켜보니 강력한 진나라가 감히 조나라를 건드리지 못하는 것은 나와 염파 두 사람이 굳건히 지키고 있어서라고 생각하오. 만약 지금 두 호랑이가 서로 싸우면 둘 다 살지 못할 것이오. 내가 염파 장군을 피하는 것은

다 국가의 위급함을 먼저 생각하고 사사로운 원한관계는 뒤로 여기기 때문이니 그대들이 이해해주면 좋겠소.”

이 말을 들은 인상여의 참모들은 큰 감동을 받았습니다.

나중에 이 이야기를 전해 들은 염파도 크게 부끄러워했습니다. 그는 웃통을 벗고 가시나무 회초리를 등에 짊어진 채로 인상여의 집 앞마당에 엎드려 벌을 내려달라 빌었습니다.

“비루한 인간이 천박하고 속이 좁아 상경 어르신의 넓고 큰 도량을 헤아리지 못했습니다. 이렇듯 오만하게 행세한 저는 죽어도 그 죄를 씻을 수 없습니다.”

이를 보고 황급히 뛰어나온 인상여가 염파를 일으켰습니다.

“아닙니다. 모든 것은 미리 장군께 말씀드리지 않은 저의 불찰입니다.”

그러자 염파는 눈물을 흘리며 말했습니다.

"오늘부터 어른과 생사를 같이하기로 결의합니다. 제 목을 자른
다 해도 결코 변치 않겠습니다."

이후로 두 사람은 의형제가 되었습니다.

이처럼 인상여와 염파의 이야기에서 유래한 문경지교(刎頸之交)
라는 말은 '목이라도 선뜻 내줄 수 있는 돈독한 우정'을 비유할 때
쓰입니다.

비슷한 뜻의 한자성어

- **금란지교** 金蘭之交 | 쇠 금, 난초 란(난), 어조사 지, 사귈 교
  '쇠보다 견고하고 난초보다 향기롭다'는 뜻으로, 친구 사이
  의 매우 두터운 정을 이르는 말.

- **단금지교** 斷金之交 | 끊을 단, 쇠 금, 어조사 지, 사귈 교
  '쇠라도 자를 만큼 강한 교분'이라는 뜻으로, 매우 두터운 우
  정을 이르는 말.

- **교칠지교** 膠漆之交 | 아교 교, 옻 칠, 어조사 지, 사귈 교
  아주 친밀하여 서로 떨어질 수 없는 교분을 이르는 말. 당나
  라 시인 백거이(白居易)가 친구 원미지(元微之)에게 보낸 편지
  에서 유래함.

13

나를 알아주는
단 한 사람의 가치

伯 牙 絶 絃
백　아　절　현

伯 맏 백　牙 어금니 아　絶 끊을 절　絃 악기줄 현

중국의 전통악기 중에 일곱 줄로 된 고대 현악기 칠현금(七絃琴)
이 있습니다. 서양악기 비올라처럼 중저음의 무겁고 깊은 소리를
내는 이 악기는 고구려에 들어와 여섯 줄인 거문고로 개량되었습
니다.

춘추 시대 초나라 출신으로 진(晉)나라에서 상대부를 지낸 유
백아(兪伯牙)는 칠현금 연주가였습니다. 그는 어려서부터 총명하
고 음악성도 뛰어났습니다. 그래서 칠현금의 달인 성련(成連)을 스

승으로 삼아 음악 공부를 했습니다. 그로부터 3년 후 유백아는 명성 높은 연주가가 되었지만 더 이상의 진전이 없어 고민에 빠졌습니다.

유백아의 속내를 꿰뚫어본 성련이 제안했습니다.

"이제 자네는 나에게 더 이상 배울 것이 없네. 사실 음악의 세계를 나도 완전히 다 이해하지는 못하네. 나의 스승인 방자춘(方子春) 선생님이 지금 봉래산(蓬萊山)에 사신다고 들었네. 내가 소개해줄 테니 그분에게 가서 배움을 이어가는 것이 어떻겠나?"

동쪽 바다 가운데 있는 봉래산은 원래 도교에서 신선이 살고 있다는 산입니다. 불로초와 불사약을 구할 수 있는 신비로운 곳으로 알려져 있습니다.

그 말을 듣고 유백아는 흥분을 감출 수 없었습니다. 둘은 배를 타고 동해를 향해 떠났습니다. 배가 봉래산에 다다르자 성련은 스승을 모시고 온다며 떠났습니다. 그런데 여러 날이 지나도 성련은 돌아오지 않았고 유백아는 크게 상심했습니다.

사실 여기에는 유백아 스스로 대자연 속에서 음악적 감수성을 키우게 하려는 성련의 깊은 뜻이 있었습니다.

섬에서 매일 같이 생활하다 보니 파도가 철썩대는 소리와 새들이 지저귀는 소리가 구슬픈 노랫가락처럼 들렸습니다. 이때 유백아의 마음에 큰 감흥이 일어나고 이제껏 경험하지 못했던 영감이 떠올랐습니다. 그는 하늘을 쳐다보며 큰 탄식 소리를 낸 다음 칠현금을 연주했습니다. 곡은 매우 애절하게 울려퍼졌습니다.

이 일이 있은 후 유백아의 연주 실력은 높은 경지에 이르게 되었습니다. 그런데 유백아가 펼쳐보이는 수준 높은 음악 세계를 제대로 이해할 수 있는 사람이 없었습니다.

어느 해 유백아는 진나라 왕의 명을 받아 고국인 초나라에 사신으로 가게 되었습니다. 그가 탄 배가 한양 강가에 닻을 내렸을 때는 마침 8월 15일 대보름이었습니다. 하늘엔 휘영청 밝은 달이 떠 세상을 비추고 있었습니다. 이 광경에 취한 유백아는 그 자리에서 칠현금을 꺼내 연주하기 시작했습니다.

이때 어디선가 자신의 칠현금 소리에 맞추어 어떤 사람이 탄식하는 소리가 들렸습니다. 달빛 아래서 누군가가 자신의 칠현금 연주를 엿듣고 있었던 것입니다. 궁금해진 유백아가 사람을 시켜 찾아보니 행색이 허름한 나무꾼이었습니다.

유백아가 그에게 물었습니다.

"자네는 누구인데 여기서 무엇을 하고 있는가?"

"저는 나무꾼으로 이름은 종자기(鐘子期)라고 합니다. 여기서 당신의 연주를 듣고 있었습니다. 방금 연주하신 것은 수제자 안회가 일찍 죽은 것을 한탄하는 공자의 마음을 노래한 것 아닙니까?"

유백아는 깜짝 놀랐습니다. 자신의 음악을 이해하는 사람을 처음 만났기 때문입니다. 그는 기쁨에 넘쳐 종자기와 함께 음악에 관해 이야기를 나눴는데 그는 일개 나무꾼임에도 모르는 것이 없었습니다.

유백아가 또 말을 꺼냈습니다.

"공자께서 칠현금을 탈 때 안회가 들어오다가 연주 소리에 살기가 서려 있음을 느끼고 놀랐다고 하는 이야기가 있지 않소? 나중에 알고 보니 그때 공자께서는 고양이가 쥐를 노려보는 모습을 보면서 연주한 탓에 무의식중에 살기가 묻어 있었다지요. 안회야말로 스승의 소리를 알아들은 지음(知音)이라 생각하오. 이제 내가 칠현금을 타볼 테니 무슨 내용의 연주인지 맞혀보시오."

유백아가 머릿속으로 높고 험한 산을 생각하며 연주하자 종자기가 말했습니다.

"정말 좋습니다! 우뚝우뚝 솟아오르는 것이 마치 태산(泰山) 봉우리를 보는 느낌입니다!"

이번에는 깊고 길게 흐르는 물을 생각하며 연주하자 종자기가 말했습니다.

"세상에, 기가 막히군요! 일렁일렁 흘러가는 것이 마치 양자강이나 황하의 물결 같습니다!"

이처럼 유백아가 연주하며 생각하는 것을 종자기는 정확히 읽어냈습니다. 유백아가 크게 기뻐하며 말했습니다.

"이 세상에서 오직 그대만 내 마음의 소리를 알아주는구려. 그대는 내게 안회 같은 존재요."

고관인 유백아는 그 자리에서 천한 출신에 나이도 자신보다 어린 종자기와 의형제를 맺었습니다.

한번은 두 사람이 태산 북쪽에서 놀다가 폭우를 만나 비를 피하러 바위 아래로 들어갔습니다. 이때 유백아는 마음이 울적해져 칠현금을 연주했습니다. 처음엔 장맛비 내리는 곡조를 타다가 다시 산이 무너지는 곡조를 연주했습니다. 그때마다 종자기는 어김없이 그의 흥취를 알아차렸습니다.

그러자 유백아는 칠현금을 내려놓고 탄복했습니다.

"자네의 듣는 능력은 정말 놀랍군! 자네가 표현하는 것마다 내 마음과 꼭 같다네. 자네 앞에선 내 소리가 어디 다른 곳으로 가질 못하겠구려."

유백아는 다음해에 다시 초나라에 오게 되면 꼭 그의 집에 들르겠노라고 약속했습니다.

그런데 그 이듬해 유백아가 종자기를 찾아갔지만, 종자기는 이미 병으로 세상을 떠난 후였습니다. 유백아는 비통한 마음을 담아 종자기의 무덤 앞에서 한 곡을 연주했습니다. 그러고는 칠현금의 줄을 끊고 바위에 내려쳐 부숴버리고 말았습니다.

이후 유백아는 죽을 때까지 다시는 연주를 하지 않았다고 합니

비슷한 뜻의 한자성어

- **지음 知音** | 알 지, 소리 음
  자기를 알아주는 참다운 벗 또는 마음이 서로 통하는 친한 벗을 비유적으로 이르는 말.

- **백아파금 伯牙破琴** | 맏 백, 어금니 아, 깨뜨릴 파, 거문고 금
  백아가 거문고를 부숴버렸다는 뜻으로, 자기를 알아주는 벗의 죽음을 슬퍼함을 이르는 말.

다. 자신의 음악을 이해하는 유일한 존재가 사라지자 연주해야 할 의미마저 잃어버렸던 것입니다.

　'백아가 칠현금의 줄을 끊은' 이 이야기에서 백아절현(伯牙絶絃)이라는 고사가 유래했습니다.

14

한 사람을 향한
끝없는 헌신

管 鮑 之 交
관 포 지 교

管 대롱 관 鮑 절인고기 포 之 어조사 지 交 사귈 교

중국 춘추 시대 제나라에 친구 사이인 관중(管仲)과 포숙아(鮑叔牙)가 있었습니다.

관중은 보잘것없는 가문 출신으로 홀어머니를 모시고 사는 가난뱅이였습니다. 그에 비해 포숙아는 제나라 최고 명문가이자 부유한 포씨 집안의 자식이었습니다. 이처럼 서로 신분의 차이가 큰데도 둘의 우정이 깊어진 데는 포숙아의 공이 컸습니다.

포숙아는 가난한 관중을 위해 장사를 함께하자고 제안했고 대부분의 밑천을 댔습니다. 제나라는 춘추 시대 강대국이자 동쪽이 바다여서 온갖 물산이 풍부했습니다. 그런 유리한 입지 조건에다 사업 수완도 뛰어났던 터라 두 사람이 동업한 사업은 크게 성공했습니다.

그런데 관중은 이익을 분배할 때 공평하게 나누지 않고 자기가 훨씬 많이 챙겨갔습니다. 이것을 본 포숙아의 하인들이 관중을 탐욕스럽다고 비난하자 포숙아가 말했습니다.

"관중은 절대 욕심쟁이가 아닐세. 그가 얼마나 가난한지 알면 그런 소리 못 할 것이네."

관중이 벼슬자리에서 임금에게 세 번이나 쫓겨났을 때도 포숙아는 그를 변호했습니다.

"관중이 능력이 없어서가 아니라 단지 때를 못 만난 것뿐이다."

또 관중이 전투에 참전해 세 번이나 도망쳤을 때도 포숙아는 그를 감쌌습니다.

"관중을 겁쟁이로 여기지 말게. 그는 효자라 늙은 홀어머니를 돌보려고 그런 것일세."

이처럼 포숙아의 관중을 향한 신뢰는 전폭적이었습니다.

제나라의 희공(僖公)에게는 세 아들이 있었습니다. 장남인 제아(諸兒)와 노나라 출신 여인에게서 낳은 차남 규(糾), 그리고 거나라 출신 여인에게서 낳은 소백(小白)이 그들입니다. 희공은 포숙아의 명성을 듣고 그를 소백의 사부로 삼았습니다. 이후 규의 사부 자리가 공석이 되자 포숙아의 추천으로 관중이 그 지위를 이어받았습니다.

희공이 죽고 제아가 왕위에 올랐는데 그가 바로 양공(襄公)입니다. 양공은 동생들과 달리 군주로서의 자질이 부족했습니다. 사치와 향락을 일삼고 쓸데없이 국제분쟁을 일으키는 등 나라를 위태롭게 만들었습니다.

머지않아 반란이 일어날 것을 우려한 포숙아는 소백을 수행해 소백의 외가가 있는 거나라로 피신했습니다. 이어 관중도 또 다른 보좌관 소홀(召忽)과 함께 규를 수행해 규의 외가가 있는 노나라로 피했습니다.

포숙아의 예상대로 사촌인 무지(無知)가 양공을 죽이고 왕이 되는 반란이 일어났습니다. 이후 무지도 폭정을 일삼다가 피살되면서 제나라는 또 한 번 격랑에 휩싸였습니다. 당시 제나라 조정에서는 두 왕자 중 한 사람을 왕으로 삼아 사태를 수습하고자 했습니다. 따라서 누구라도 먼저 제나라 수도 임치(臨淄)에 들어오면 왕이 되는 상황이었습니다.

관중과 규가 있는 노나라보다 소백과 포숙아가 있는 거나라가 제나라의 수도 임치와 더 가까웠습니다.

거리상의 유리함을 확보한 포숙아는 거나라에서 빠르게 달리는 전차 100대를 빌려 소백을 수행해 제나라로 향했습니다.

이 정보를 입수한 관중은 급히 말을 몰아 포숙아 일행의 길목에 잠복했습니다. 소백을 태운 수레가 지나가자 관중이 소백을 향해 독화살을 쏘았습니다. 활쏘기의 달인이었던 관중이 쏜 화살은 정확하게 소백의 몸에 꽂혔습니다. 소백은 비명과 함께 피를 울컥 내뿜으며 쓰러졌습니다.

관중은 소백의 수행원들이 통곡하는 것을 확인한 후 규에게 돌아갔습니다.

"왕자님, 이제 소백은 이 세상에 없습니다. 서두를 것 없이 천천히 궁으로 들어가면 됩니다."

의기양양하게 임치에 도착한 관중 일행은 소스라치게 놀라고 말았습니다. 죽은 줄 알았던 소백이 왕위에 올라 있는 것이 아닙

한 뼘 더 깊게

제나라 수도 임치(린쯔)

대평원이 펼쳐져 있는 제나라의 수도 임치는 춘추 시대 가장 크고 번성한 도시로, 경제력과 군사력에서 다른 제후국들보다 앞서 있었다. 또한 제나라는 춘추오패의 우두머리이자 전국 칠웅의 하나로 825년간 번영을 누렸다.

니까. 그가 바로 춘추 시대 첫 패권을 잡는 제나라 환공입니다.

사실인즉슨 관중이 쏜 화살이 공교롭게도 소백의 허리띠에 맞았고 소백은 혀를 깨물고 피 흘리는 연기를 한 것이었습니다. 포숙아의 계책에 따라 소백은 옷을 바꿔입고 지름길로 내달려 임치에 먼저 도착해 왕위를 차지했습니다.

모든 게 끝난 상황처럼 보였지만 관중은 포기하지 않았습니다. 그는 규와 함께 노나라로 돌아가 노나라 왕을 구슬렸습니다. 관중의 뛰어난 언변에 넘어간 노나라 왕은 직접 군대를 이끌고 제나라 침략을 지원했습니다. 이렇게 총력전을 펼쳤지만 노나라 군대는 포숙아가 지휘하는 제나라 군대에 크게 패하고 돌아갔습니다.

이런 상황을 겪으며 화가 머리끝까지 난 환공은 패전국 노나라에 규를 제거하고 관중과 소홀을 포박해 보낼 것을 요구했습니다. 그러나 노나라로 돌아간 규는 섬돌에 스스로 머리를 부딪쳐 죽었습니다. 그리고 규의 심복이었던 소홀도 주군을 따라 스스로 목숨을 끊었습니다.

하지만 관중은 스스로 호송 수레에 순순히 올랐습니다. 주변에서 "소홀은 사내대장부인데 저 관중은 부끄러움을 모르는 자로군"이라며 비아냥거리는 소리가 들렸습니다.

관중을 압송한 수레가 제나라에 도착하자 수많은 사람이 모여

들었습니다. 제나라 환공은 많은 사람 앞에서 관중을 죽이려 했습니다. 하지만 포숙아가 이를 말리며 소리쳤습니다.

"안 됩니다. 관중을 죽이지 마시고 재상 자리에 앉히소서."

이 말을 들은 사람들은 깜짝 놀랐고 환공도 어안이 벙벙해졌습니다.

"저 자는 나를 죽이려고 한 원수요. 그런데 살려주는 것도 모자라 재상 자리에 앉히라니 말이 되는 소리요? 재상은 당연히 포숙아 그대가 맡아야지요."

포숙아가 대답했습니다.

"주군께서 제나라만 다스리는 군주가 되고자 하신다면 저만으로도 충분합니다. 하지만 천하의 패권을 잡아 여러 제후를 통솔하시려 한다면 관중 없이는 불가능합니다. 관중이 만약 작은 일에 부끄러움을 느꼈다면 이미 소홀처럼 세상을 등졌겠지요. 그러나 그는 살아서 세상을 바꾸어 이름을 떨치지 못하는 것을 부끄러워하는 사람입니다. 그러니 지난 원한은 잊어버리고 관중을 들어 쓰십시오."

예상치 못한 상황에서 머뭇거리는 환공을 향해 포숙아가 다시 설득하자 환공은 관중과 사흘 밤낮 동안 국사를 논했습니다. 환공은 관중이 가진 경륜에 탄복하고 재상으로 임명했습니다.

그 덕분에 관중은 죽음을 문턱에 둔 사형수에서 하루아침에 재

상으로 변신했습니다. 이리하여 중국 역사상 가장 위대한 재상으로 손꼽히는 관중의 시대가 열렸습니다.

　관중은 제 환공을 도와 상비군 조직, 상공업 육성 및 법규 제정 등을 실시하며 부국강병책을 펼쳤습니다. 관중의 활약으로 제나라는 압도적인 국력뿐 아니라 제후 열국의 존경을 받는 춘추 시대 최초의 패자가 되었습니다.

　그가 제시한 정치철학과 부국강병책은 이후 동아시아 많은 국가가 따르는 국가경영의 기본 철학이 되었습니다. 그가 중국의 역사에 미친 영향력은 실로 어마어마해서 중국에서는 그를 단순한 정치가가 아닌 성현의 반열에 올려 관자(管子)라고 불렀을 정도입니다.

관중이 40년간 재상을 지내다가 나이가 들어 죽음을 눈앞에 두었을 때 환공이 그를 찾아가 차기 재상 자리에 대해서 의견을 나누었습니다. 환공은 관중에게 후임자로 제일 먼저 포숙아를 언급했습니다.

그런데 관중의 대답은 전혀 뜻밖이었습니다.

"안 됩니다. 그는 성격이 강직하며 괴팍하고 사나운 사람입니다. 강직하면 백성을 난폭하게 다스리고, 괴팍하면 인심을 잃게 되며, 사나우면 백성들이 일할 용기를 잃게 됩니다. 그는 패자를 보좌하는 역할에 어울리지 않는 사람입니다."

이 이야기를 들은 누군가가 포숙아에게 그 내용을 전하며 관중을 비난했습니다. 그러자 포숙아는 이렇게 대답했습니다.

"내가 사람 하나는 참 잘 봤군. 그런 일을 하라고 내가 그를 천거한 것이라네."

이같은 포숙아의 우정을 두고 관중은 다음과 같이 고백했습니다.

"나를 낳아준 이는 부모님이시나 나를 알아준 이는 오직 포숙아뿐이었다."

'관중과 포숙아의 우정 어린 사귐'을 뜻하는 관포지교(管鮑之交)의 고사를 통해 일평생 친구를 끝없이 믿어주고 자기 자리마저 내어준 포숙아야말로 진정한 우정의 표상임을 알 수 있습니다.

비 슷 한 뜻 의 한 자 성 어

● 금란지계 金蘭之契 | 쇠 금, 난초 란(난), 어조사 지, 맺을 계
  친구 사이의 매우 두터운 정을 이르는 말.

15

더 이상
좋을 수 없다

錦 上 添 花
금 상 첨 화

錦 비단 금   上 위 상   添 더할 첨   花 꽃 화

송(宋)나라는 태조 조광윤(趙匡胤)이 960년에 5대10국의 하나인 후주(後周) 최후의 황제로부터 선양(禪讓, 임금 자리를 물려줌)받아 건국한 나라입니다. 이후 세계 최초로 지폐를 발행하고 화약과 나침반 등 과학기술을 발전시켰습니다.

그러나 행정 제도에 불필요한 관직이 많아 실제로 책임감 있게 일하는 관리는 드물었습니다. 그런 상황에서 관청은 늘어나고 관리만 증가하여 국가 재정의 지출이 많아졌고 태조 이래 지나친 문관 우대 정책 때문에 국방도 허술해져 거란족의 요나라, 탕구트족

의 서하로부터 자주 침입을 받았습니다. 송나라는 이에 맞설 군사력이 없어 그들에게 막대한 양의 은과 비단 등 공물을 바쳤습니다. 그러다 보니 국가 재정은 더욱 악화했습니다.

그러던 중 1067년에 조욱(趙頊)이 송나라 6대 황제로 즉위했습니다. 그가 바로 신종(神宗)입니다. 스무 살의 피 끓는 청년 황제는 오랑캐로 무시해왔던 거란이나 서하에게 평화를 담보로 많은 공물을 바치고 있는 현실에 분노했습니다. 그리고 날로 악화되는 국가 재정 상태를 정상으로 돌리기 위해 고심했습니다.

부국강병을 꿈꾸던 그는 즉위한 이듬해(1069년)에 당시 주목받던 신진세력 왕안석(王安石)을 재상으로 등용하여 국정 개혁을 시도했습니다.

천재적 능력을 가진 왕안석은 불과 5세 때 《시경》과 《논어》를 통달했으며, 이미 30대 후반에 '경전 해석에서는 그를 따라올 자가 없다'는 평가를 받을 정도로 명성이 자자했습니다. 게다가 당송팔대가(唐宋八大家) 중 한 사람이기도 했습니다.

왕안석은 송나라 조정에 만연한 부패와 불합리한 제도를 고치려 노력했습니다. 그중 하나가 개혁적인 법률 제정인데 이것이 중국 역사상 가장 유명하고 논란도 많았던 '왕안석의 신법(新法)'입니다. 이 법의 취지는 대지주와 대상인이 부당 이득을 취하지 못하

당송팔대가란?

'당송팔대가'는 중국 역사상 문예가 가장 부흥했던 당나라와 송나라를 대표하는 8명의 대 문장가를 일컫는 말로, 당나라의 한유(韓愈)·유종원(柳宗元), 송나라의 구양수(歐陽修)·소순(蘇洵)·소식(蘇軾)·소철(蘇轍)·증공(曾鞏)·왕안석(王安石)을 가리킨다.

게 하고, 자영농민과 중소 상인을 보호하며, 조세법을 개정해 정부의 필요 물자를 확보하고, 더 능력 있는 관료 임용 및 의용군 양성과 전투용 말의 원활한 조달을 위한 것이었습니다. 하지만 혁신적인 정책을 담은 이 신법은 당시 시대 상황에서 너무 급진적이고 이상주의에 치우친 것이었습니다.

또 개혁을 반대하는 대지주와 대상인 및 고위 관리들의 저항에 부딪혀 효과가 미미했습니다. 그 결과, 개혁 지지 세력과 반대 세력 간의 극심한 대립으로 사회가 큰 혼란에 빠졌습니다.

이런 상황이 이어지자 신종도 어쩔 수 없이 왕안석을 해임했습니다. 지방으로 좌천된 왕안석은 다음해에 바로 복직했지만, 반대파들의 모함으로 1076년에 다시 사직하고 남경(南京)의 한적한 곳

으로 들어가 은둔생활을 했습니다.

개혁 정치가이자 뛰어난 문인이기도 했던 그는 관직에서 물러난 뒤 여러 작품을 남겼는데, 그때 쓴 시들이 특히 훌륭하다는 평가를 받습니다. 개혁의 뜻을 이루지 못하자 은둔하면서 오로지 시 짓기에 전념했기 때문입니다.

그 시절 가까운 벗들과 더불어 술을 즐기다 흥에 겨워 즉흥적으로 지은 〈즉사(卽事)〉라는 시가 있습니다.

강물은 남쪽 동산으로 흘러 언덕 서쪽으로 기울고
바람은 꽃잎에 맺힌 수정 같은 이슬방울 위로 불어오네.
문 앞 버드나무는 옛사람 도령의 집이고
우물가 오동나무는 예전 총지의 집과 같아라.

아름다운 모임이라 술잔 속 맑은 술 마시려 하니

고운 노랫가락이 비단 위에 꽃을 더한 듯하구나.

문득 무릉도원 술과 안주 즐기는 나그네 되니

물의 근원 되는 곳엔 노을 붉게 타오르겠지.

河流南苑岸西斜　風有晶光露有華　門柳故人陶令宅　井桐前日總持家

嘉招欲履盃中淥　麗唱仍添錦上花　便作武陵樽俎客　川源應未少紅霞

　시에 등장하는 도령은 진(晉)나라 시인 도연명(陶淵明)을 가리킵니다. 그 역시 벼슬을 그만두고 전원으로 돌아가 은둔하며 살았습니다. 그의 집 앞에 버드나무 다섯 그루가 있어 오류선생(五柳先生)이라고 불렸습니다.

한 뼘 더 깊게

금상첨화의 반대 한자성어

전호후랑 前虎後狼 | 앞 전, 범 호, 뒤 후, 이리 랑(낭)

'앞문에서 호랑이를 막고 있으려니 뒷문으로 이리가 들어온다'는 뜻으로, 재앙이 끊일 사이 없이 닥침을 이르는 말.

설상가상 雪上加霜 | 눈 설, 윗 상, 더할 가, 서리 상

'눈 위에 서리가 덮인다'는 뜻으로, 난처한 일이나 불행한 일이 잇따라 일어남을 이르는 말.

그리고 총지(總持)는 남조(南朝) 시대의 마지막 왕조 진(陳)나라의 시인 강총(江總)의 자(字)입니다. 그의 집 앞에 우물이 있었고 그 옆에 오동나무가 있었다고 합니다.

이 시에서 '비단 위에 꽃을 더하다'라는 뜻의 금상첨화(錦上添花)가 유래했습니다. 곱고 부드러운 비단은 비싸고 귀한데 꽃 역시 아름다움의 상징이므로 '좋은 것에 좋은 것이 더해짐'을 비유하는 말로 쓰입니다.

16

모든 것을
내어줄 수 있는 우정

肝 膽 相 照
간 담 상 조

肝 간 간 膽 쓸개 담 相 서로 상 照 비출 조

당나라 중기의 문장가이자 사상가인 유종원(柳宗元)은 어린 시절부터 영특했습니다. 그는 어머니 노(盧)씨의 높은 교육열에 힘입어 792년 20세의 나이에 1차 과거시험에 합격해 향공(鄕貢)이 되었습니다. 1년 뒤인 793년엔 진사(進士) 시험에 합격하여 이른 나이에 벼슬길에 올랐으며, 5년 뒤인 798년에 박학굉사과(博學宏詞科)에 합격하는 등 응시하는 시험마다 합격한 수재였습니다.

또한 진사시와 박학굉사과에 함께 합격하여 나란히 벼슬길에 올랐던 당나라 말기 대신이자 최고의 풍자 시인인 유우석(劉禹錫)

과는 평생의 절친한 친구 사이였습니다.

　당시 당나라는 환관들이 권력을 장악해 사회를 혼란에 빠뜨리고 있었습니다. 805년 유종원은 젊은 개혁정치가로서 새로 즉위한 순종(順宗)의 정치 혁신에 적극 가담했습니다. 순종은 유종원 같은 유능한 인재를 등용하여 황권을 강화하고 지방 군벌과 환관 세력을 억제하는 개혁을 시도했습니다.

　하지만 순종의 개혁 시도는 그것에 저항하는 환관들과 수구파 세력에 의해 실패하고 순종도 180일 만에 왕위에서 물러나야 했습니다. 이로 인해 개혁파는 모두 조정을 떠나야 했고 유종원도 영주사마(永州司馬)로 좌천되었습니다. 이후 다시는 중앙정부로 돌아오지 못하고, 43세 때 유주자사(柳州刺史)로 옮겨간 후 죽을 때까지 유주의 관리로 살며 저술 활동에 전념했습니다.

　이 시기 유종원은 노비들을 풀어주고 학교를 설립하여 학문을 장려하며 황무지를 개간하고 우물을 파는 등 정치가로서 많은 치적을 쌓았습니다. 무엇보다 뛰어난 문장력과 중국 전통 산문문학의 부흥을 이끈 문학적 공적을 크게 인정받아 당송팔대가로 불렸습니다.

　당나라 헌종(憲宗) 때 유종원은 함께 좌천된 친구 유우석이 파주(播州) 지방관리로 임명됐다는 소식을 전해 들었습니다. 함께 정치혁신 운동에 참여했다가 시련을 당하면서 둘의 우정은 더욱 깊어졌습니다.

유종원이 눈물을 흘리며 말했습니다.

"파주 땅은 몹시 외진 곳이라 사람 살 만한 곳이 못 된다. 더군다나 내 친구 유우석에게는 팔십이 넘은 홀어머니까지 계시는데 홀어머니를 모시고 갈 수도, 두고 떠날 수도 없는 참으로 딱한 처지가 되었으니 내가 조정에 상소를 올려 우리 둘의 관직을 서로 바꿔달라고 간청해야겠다. 만약 이 일로 조정에서 죄를 묻는다면 비록 내가 죽는다 할지라도 원망하지 않겠다."

유종원은 친구를 위해 황제의 명을 거역한 죄를 달게 받을 각오로 상소를 올렸지만, 임명지의 맞교환은 이루어지지 않았습니다. 하지만 이런 상황을 알게 된 친구의 도움으로, 나중에 유우석은 연주(連州)로 가게 되었고, 유종원은 예정지인 유주로 가서 그곳에서 47세에 병으로 세상을 떠났습니다.

유종원의 친구이자 그와 함께 당나라를 대표하는 대문장가인 한유(韓愈)가 이 두 사람의 우정을 세태에 빗대어 유종원의 묘지명에 다음과 같은 글을 썼습니다.

선비는 어려운 일을 당했을 때 참된 절개와 의로움이 드러난다 했던

가? 요즘 사람들은 평소에는 마을에 모여 살며 서로를 우러러 받들고 기뻐한다. 서로 그리워하고 술과 음식을 함께 먹고 마시며, 서로를 초대하고 방문하며 지낸다. 서로 아랫사람임을 자처하며 억지웃음을 짓고 서로 간(肝)과 폐(肺)를 꺼내 보일 듯 친한 척하며 죽는 한이 있어도 우정만은 변치 말자고 맹세한다. 하늘의 해를 가리키며 눈물 흘리고, 살아서나 죽어서나 서로 배반하고 저버리지 않겠다며 맹세하는데, 정말 믿을 수 있을 것처럼 보인다.

하지만 만약 작은 이익이나 손해를 마주하면 겨우 털끝만큼의 차이로도 서로 외면하고 모른 체한다. 더욱이 누군가 우물에 빠지면 손을 내밀어 구해주기는커녕 더 깊게 빠뜨리고 돌까지 던진다.

대부분의 사람이 그렇게 산다. 이것은 정말 짐승이나 오랑캐도 차마 하지 못하는 것인데, 자신을 바라보며 계획대로 잘되었다고 여긴다. 그 사람들이 유종원의 일화를 듣는다면 조금은 부끄러워할 것이다.

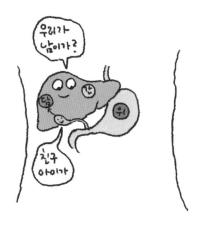

간담상조(肝膽相照)는 '간과 쓸개를 서로에게 내보인다'는 뜻으로 서로 마음을 터놓고 친밀히 사귀는 것을 말합니다.

원래는 한유의 시에서 보듯 '간과 허파를 꺼내 보일 것처럼 구는 허울뿐인 우정'을 꼬집은 표현이었습니다. 하지만 지금은 '간과 쓸개를 보여줄 정도의 속 깊은 친구 사이'라는 뜻으로 쓰이고 있습니다.

덧붙이면, 유종원은 죽기 전 자신의 모든 원고를 유우석에게 남겼고, 유우석은 유종원이 죽은 후 그의 어린 자녀 4명을 성인이 될 때까지 키웠을 만큼 둘의 우정은 각별했습니다.

비슷한 뜻의 한자성어

● **허심탄회]** 虛心坦懷 | 빌 허, 마음 심, 평탄할 탄, 품을 회
   품은 생각을 터놓고 말할 만큼 아무 거리낌이 없고 솔직함.

● **피력** 披瀝 | 헤칠 피, 거를 력(역)
   평소에 숨겨둔 생각을 모조리 털어내어 말함.

4장

신의를
지킨다는 것

17 약자를 긍휼히 여기면
복이 있나니

結 草 報 恩

결　　초　　보　　은

結 맺을 결　草 풀 초　報 갚을 보　恩 은혜 은

다음은 《춘추좌씨전》〈선공편(宣公篇)〉에 나오는 이야기입니다.

춘추 시대 진(晉)나라 문공 때 위무자(魏武子)라는 시호로 더 유명한 위주(魏犨)라는 명장이 있었습니다. 그에게는 조희(祖姬)라는 젊은 첩이 있었는데 늘 곁에 두고 애지중지했습니다.

위무자는 병에 걸리자 아들 위과(魏顆)를 불러 이렇게 말했습니다.

"조희는 아직 젊어 앞날이 창창하니 만약 내가 죽으면 꼭 좋은 혼처를 찾아 시집보내주어라."

그런데 병이 위중해 곧 숨이 넘어갈 때가 되자 위무자는 아들 위과를 급히 불러 유언했습니다.

"나 혼자 저승길을 어떻게 가겠느냐. 외롭지 않게 조희를 꼭 같이 묻어다오."

그러고는 바로 세상을 떠났습니다.

옛날에는 신분이 높은 사람이 죽으면 그를 옆에서 모시던 사람도 함께 묻는 잔인한 풍습이 있었습니다. 이것을 순장(殉葬, 따라 죽을 순, 장사지낼 장)이라고 하는데 고대 중국은 순장이 아주 성행한 사회였습니다.

위과는 고민 끝에 첩을 개가시켜주었습니다. 주변에서 아버지의 유언을 어긴다고 비난하자 위과는 이렇게 말했습니다.

"아버지께서는 평소 조희를 개가시켜주라고 하셨습니다. 다만 임종을 앞두고 순장을 하라고 말씀하셨으니, 정신이 혼미할 때보다 온전했을 때 말씀하신 것이 아버지의 진심이었을 것입니다. 그래서 저는 아버지의 첫 번째 유언에 따른 것입니다."

몇 년 후 진(秦)나라 환공(桓公)이 진(晉)나라를 침략하여 군대를 보씨(輔氏)족들이 사는 지역에 주둔시켰습니다. 당시 진(秦)나라의 장수로 있던 두회(杜回)는 괴력을 가진 장사로 유명했습니다. 쇠뭉치 같은 주먹에 얼굴은 무쇠같이 단단하고 시커먼 데다 수염과 머리는 구불구불 감겨 올라가 위압적인 외모였습니다. 그가 맨주먹으로 호랑이 다섯 마리를 때려잡아 모두 가죽을 벗겨 돌아왔다는 소문을 듣고 환공이 그를 발탁해 우장군으로 삼았습니다. 두회는 장군이 되자 단 300명의 군사로 산적 떼 1만여 명을 잡아들였습니다. 그 공으로 두회는 진(秦)나라의 대장군이 되었습니다.

한 뼘 더 깊게

진(晉)나라와 진(秦)나라

진(晉)나라(기원전 1042년~기원전 376년)는 중국 서주(西周) 시대부터 춘추전국 시대에 걸쳐 존속한 주요 제후국 중 하나. 기원전 7세기 후반, 오랜 내란 끝에 즉위한 문공(文公) 때 '춘추오패'의 대표 강대국이었으나, 이후 경대부의 세력이 강해지고 경공 때의 실정으로 경대부의 후예가 세운 삼진(三晉)에 의해 멸망당했다.

진(秦)나라(기원전 900년경~기원전 206년) 역시 춘추전국 시대의 국가 중 하나. 기원전 4세기쯤 전국 시대 때 상앙의 개혁에 의해 강성해졌고, 기원전 221년에 진시황제에 의해 전국 시대를 통일하면서 중국 역사상 최초의 통일국가가 되었다.

그 무렵 진(晉)나라의 장군으로 군대를 이끌었던 위과는 보씨 지역에 진을 치게 하고 두회와의 싸움에 대비했습니다. 두회는 말도 타지 않고 그의 주무기 도끼를 들고 300명의 도끼부대와 함께

진(晉)나라 군대 쪽으로 돌진해왔습니다. 그의 부대는 도끼로 말의 다리를 찍고 말에서 떨어지는 장수들을 베었는데 모두 지옥에서 온 모질고 사나운 귀신 야차(夜叉) 같았습니다.

이것을 본 진(晉)나라의 전위부대 군사들은 겁에 질려 크게 패하고 말았습니다. 위과는 부대를 후퇴시켜 진영을 봉쇄했습니다. 두회와 도끼부대가 밤낮으로 욕을 하며 싸움을 걸었지만 위과는 감히 대적하러 나설 엄두가 나지 않았습니다.

위과는 막사에서 전술 짜기에 골몰했으나 도저히 승산이 없어 사흘 밤낮을 고민하다가 깜빡 잠이 들었는데 잠결에 누군가가 그의 귀에 대고 "청초파(靑草坡)"라고 말했습니다. 깜짝 놀라 잠에서 깬 위과는 주위를 돌아보았으나 아무도 없었습니다. '푸른 풀 언덕'이란 뜻의 청초파는 보씨 지역에서 멀지 않은 곳의 지명이었습니다. 위과는 이것이 하늘의 계시인가 싶어 청초파를 중심으로 전략을 짰습니다.

날이 밝자 병력을 청초파에 매복시키고 위과는 주력부대를 이끌고 나가 싸우다 도망치는 체하며 진나라 군을 매복지로 유인해 협공했습니다. 하지만 두회는 전혀 두려워하지 않고 큰 도끼를 휘둘러 많은 군사를 죽였습니다.

이때 전혀 예상치 못한 일이 일어났습니다. 위과의 눈에 웬 도포를 입은 노인이 두회가 딛으려 하는 곳마다 파란 풀을 한 움큼씩 묶는 것이 보였습니다.

두회는 걸을 때마다 묶어놓은 풀에 발이 걸려 중심을 잃고 나뒹굴었습니다. 때를 놓치지 않고 위과는 쏜살같이 전차를 몰고 달려가 두회에게 창을 겨누고 생포했습니다. 천하의 두회가 무기력하게 사로잡히자 부하들은 사방으로 흩어져 도망갔고 위과는 큰 승리를 거두었습니다.

청초파에서 노인이 묶은 풀은 볏과인 수크령으로 전해집니다.

그날 밤 위과는 승전 자축연을 마치고 여러 날 만에 단잠을 잤습니다. 꿈에 청초파에서 풀을 묶던 노인이 나타나 손을 모으고 고개를 숙이며 말했습니다.

"저는 장군이 개가시켜준 여인의 아비 되는 사람입니다. 비록 죽어서 혼령이 되었으나 늘 감사하는 마음이 있었습니다. 그 은혜

수크령은 어떤 식물일까?

수크령은 볏과의 여러해살이풀로 한국과 중국 등 아시아 전역에 널리 퍼져 있으며, 갈색 꽃이삭이 늑대 꼬리 같이 생겼다고 해서 낭미초(狼尾草)라고도 불린다. 수크령의 잎은 상당히 질기고 억세며 사방으로 뻗은 뿌리는 단단해서 웬만해서는 끊어지거나 뽑히지 않는다. 그래서 '결초보은'의 무대에서 중요한 역할을 한 것으로 추측된다.

에 보답할 기회를 찾다가 장군이 두회와의 싸움에서 어려움을 겪는다는 말을 듣고 오늘 풀을 묶어 두회를 잡도록 도왔던 것입니다. 앞으로 덕을 세우기를 게을리하지 않으면 장군의 집안은 대대로 번창하여 마침내는 왕과 제후의 반열에 오를 것입니다."

실제로 전국 시대 위(魏)나라는 위과의 후손인 위사(魏斯)가 세웠습니다. 이는 위과가 연약한 존재에게 긍휼을 베푼 행동이 복을 불러온 것이라 해석할 수 있습니다. 이 이야기에서 나온 고사성어 결초보은(結草報恩)은 죽어서도 은혜를 잊지 않는다는 뜻입니다.

명나라 말기 작가 염선(髥仙)은 시를 지어 위과의 공을 칭송했습니다.

누가 풀을 묶어 두회를 잡게 했는가?

꿈에 노인이 나타나 은혜를 갚기 위해 왔다고 했다.

사람들에게 권하노니 음덕을 널리 쌓아라.

마음을 순리에 맞추어 편안히 하면 절로 복 받지 않겠는가?

結草何人亢枓回

夢中明說報恩來

勸人廣積陰功事

理順心安福自該

● **백골난망** 白骨難忘 | 흰 백, 뼈 골, 어려울 난, 잊을 망
죽어 흰 뼈가 되어도 잊지 않는다는 뜻으로, 남에게 큰 은덕
을 입었을 때 고마움의 뜻으로 하는 말.

● **각골난망** 刻骨難忘 | 새길 각, 뼈 골, 어려울 난, 잊을 망
남에게 입은 은혜가 뼈에 새길 만큼 커서 잊히지 아니함을
이른 말.

융통성 없는
고지식한 믿음

尾 生 之 信

미 생 지 신

尾 꼬리 미   生 날 생   之 어조사 지   信 믿을 신

춘추 시대 노(魯)나라에 미생(尾生)이라는 남자가 있었습니다. 그는 한 번 정한 약속은 어떤 일이 있어도 지키는 사람이었습니다.

어느 날 그는 사랑하는 여자와 다리 아래에서 만나기로 약속했습니다. 그는 제시간에 약속 장소에서 기다렸지만 어떻게 된 일인지 여자가 나타나지 않았습니다. 그는 약속대로 그 자리에서 꼼짝하지 않고 기다렸습니다. 그런데 갑자기 폭우가 쏟아져 강물이 점점 불어나기 시작했습니다. 그는 떠내려가지 않으려고 다리 기둥을 끌어안고 버티다가 결국 익사하고 말았습니다.

'미생의 신의'라는 뜻의 미생지신(尾生之信)은 고지식해서 융통성이 없음을 비유할 때 쓰입니다.

미생에 관한 이야기는 유세가나 사상가에 의해 여러 번 인용되는데 몇 가지를 소개하면 다음과 같습니다.

먼저, 전국 시대 대표적인 유세가 소진(蘇秦)의 경우입니다.

소진이 연(燕)나라 소왕(昭王)의 요청에 따라 제(齊)나라 선왕(宣王)을 찾아갔습니다. 그는 뛰어난 언변으로 제나라 왕을 설득하여 연나라가 제나라에 뺏긴 영토를 되찾았습니다.

그러자 누군가가 소진에 대해 나라를 팔아먹고 반란을 일으킬 이중 첩자라고 비방했습니다. 이에 연나라 왕이 소진을 미심쩍어하자 소진이 연나라 왕에게 말했습니다.

"사실 저는 증삼(曾參) 같은 효성도, 백이(伯夷) 같은 청렴함도, 미생 같은 신의도 없는 사람입니다. 만약 대왕께 증삼, 백이, 미생 같은 사람이 찾아와 신하가 된다면 어떻겠습니까?"

"아주 흡족하겠지."

왕이 대답하자 소진은 이렇게 말했습니다.

"왕이시여, 그럴 리는 없습니다. 증삼은 하룻밤도 부모를 떠나 밖에서 자지 않았고, 백이는 무왕의 신하가 되는 것이 싫어 수양산에서 굶어 죽고 말았으며, 미생은 만나기로 약속한 여자를 기다리느라 물이 차오르는데도 다리 기둥을 안고 죽었는데, 왕께서 어떻게 이런 사람들에게 천 리를 달려가 제나라와 담판 짓게 명할 수 있겠습니까?

나를 불효자요 청렴치 못하고 신의가 없다며 비방하는 사람들이 있다고 들었습니다. 맞는 말입니다. 하지만 그렇기 때문에 저는 부모를 버리고 이곳까지 와서 약한 연나라를 위해 제나라를 달래어 빼앗긴 성을 다시 돌려주게 만든 것이 아니겠습니까?”

소진은 위의 대화에서 미생의 신의를 고지식하여 융통성이 없고 매우 미련한 것이라 평했습니다.

한 뼘 더 깊게

소진은 어떤 인물일까?

전국 시대 중엽의 정치가이자 각 나라를 돌며 외교활동을 벌인 유세가. 군웅할거 시대, 진(秦)나라가 여러 제후국 중 강대국으로 성장하자 나머지 나라들은 생존을 위해 전전긍긍한다. 이때 소진은 외교 전략으로 진나라를 제외한 연(燕)·조(趙)·한(韓)·위(魏)·제(齊)·초(楚) 여섯 나라가 힘을 합해야 한다는 ‘합종(合縱)’을 주장한다. 참고로, 진나라가 여섯 나라와 각각 횡적으로 동맹을 맺어야 한다는 ‘연횡(連衡)’을 주장한 대표 인물은 위나라의 장의(張儀)다.

다음으로, 도가의 사상가 장자(莊子)도 미생을 언급하며 다음과 같은 우언(寓言, 우화)을 지었습니다.

유하계(柳下季)는 노나라의 현인으로 훌륭한 인품을 가진 사람이었습니다. 그에게는 도척(盜跖)이라는 동생이 있었습니다. 형과 달리 도척은 태산에 본거지를 두고 천하를 두려움에 떨게 만들었던 잔인한 도적으로, 9000명의 부하를 거느리고 있었으며 사람의 생간을 즐겨 먹었습니다.

어느 날, 유하계의 친구 공자(孔子)가 도척을 만나 교화시켜 바른길로 이끌겠다고 말했습니다. 유하계가 부질없는 짓이라며 말렸지만 공자는 아랑곳하지 않고 도척의 산채를 찾아갔습니다. 공자가 도착했을 즈음에도 도척은 점심으로 사람의 생간을 먹고 있었습니다. 부하가 공자가 찾아왔다고 전하자 도척이 큰 소리로 꾸짖었습니다.

"노나라 위선자가 왔다고? 일은 안 하고 천하를 돌아다니며 헛소리만 늘어놓아 왕들을 미혹케 하는 놈이 아니냐? 그런 말로 벼슬자리나 얻어볼까 하는 속셈을 내가 모를 줄 아느냐. 세상을 어지럽히는 이 사기꾼아, 네 죄가 크니 네 간을 회쳐서 점심 반찬으로 삼기 전에 어서 돌아가거라."

그래도 간신히 도척과 마주한 공자는 그 발아래 엎드려 절하며 한껏 도척을 치켜세웠습니다.

"천하에는 세 가지 덕이 있습니다. 빼어난 용모와 지혜, 용기가 바로 그것입니다. 이 세 가지 중 하나만 갖춰도 제후가 될 수 있지요. 당신은 지금 이 세 가지를 모두 갖추신 분입니다. 당신이 제 말을 따르기만 한다면, 저는 각국을 두루 다니며 당신을 널리 알려 제후로 삼게 하겠습니다. 그렇게 된다면 당신은 전쟁을 없애 병사들을 쉬게 하며 형제간 우애를 돈독케 하고 제사 제도를 확립할 수 있을 것입니다. 이것은 성인이나 현인들의 행위이며 온 세상 사람들이 꿈꾸는 것이옵니다."

하지만 도척은 버럭 화를 내며 공자를 꾸짖었습니다.

"네가 말한 그 세 가지는 우리 부모님이 물려주신 덕분이다. 네가 칭찬하지 않아도 나는 이미 알고 있다. 앞에서 칭찬하는 자들은 다 뒤에서는 헐뜯는다고 했느니라. 네가 감히 나를 부귀영화나 추구하는 속된 인간들처럼 여기고 아첨하는 게 아니냐. 옛날에는 태평했던 천하가 다 너처럼 말만 번지르르한 헛소리꾼들 때문에 어지러워졌다. 도둑은 바로 너 같은 놈인데 어째서 사람들은 너를 놔두고 나를 도둑이라 부르는지 모르겠구나. 네가 말하는 도가 귀한 것 같으냐? 세상에서 덕이 높다고 한다면, 황제보다 더한 이가 없지만, 그도 탁록(涿鹿) 들판을 피로 물들이면서 치우(蚩尤, 동이족의 황제, 탁록대전에서 황제 헌원에게 패함)를 사로잡아 죽였다. 그렇게 떠받드는 요임금은 자비가 없었고 순임금은 효를 다하지 못했으며 우임금은 일만 하다 몸을 망가뜨렸고 탕왕은 주군을 내쳤으며 무왕은 주왕을 죽였고 문왕은 유리(羑里) 땅에 감금되지 않았느냐?"

도척은 거침없이 말을 이어갔습니다.

"세상에서 말하는 어진 사람인 백이는 고죽이란 제후국 영주의 맏아들이었다. 당시 제후였던 희발이 은나라의 포악한 임금 주(紂)를 치고자 했다. 이때 백이는 그를 찾아가 아버지의 장례를 아직 마치지 못한 것과 신하가 임금을 죽일 수 없다는 이유를 들어 토벌을 반대했었다. 그러나 희발은 포악한 주를 제거하고 은나라를 멸망시킨 후 주나라의 무왕이 되었다. 그러자 백이는 은나라가 멸망한 뒤에도 은나라에 대한 충성을 버릴 수 없다며 수양산으로 들어가 고사리를 캐먹다 결국 굶어 죽었다.

또 춘추 시대 은자 포초(鮑焦)라는 사람은 자신의 고결함을 지키려 세상과 임금을 비난하면서 스스로 밭을 갈고 우물을 팠으며 아내가 짠 베옷이 아니면 입지 않고 나무를 안은 채 서서 말라죽었다. 은나라 때 은자였던 신도적(申徒狄)은 임금에게 한 건의가 받아들여지지 않자 옹기를 짊어지고 스스로 황하에 몸을 던져 죽었다.

진(晉)나라 문공의 신하 개자추(介子推)는 문공이 곤경에 처해 굶주렸을 때 자기의 넓적다리 살을 베어먹였다. 뒤에 그가 세운 공을 인정받지 못하자 늙은 어머니와 면산(綿山)으로 들어가 살았

다. 뒤늦게 후회한 진 문공은 산에 불을 지르면 개자추가 다시 내려올 줄 알고 그렇게 했지만, 그는 불타는 산에서 어머니를 업고 나무를 껴안은 채 불에 타 죽었다. 노나라 때 미생은 여자와 다리 밑에서 만나기로 약속을 했으나 여자가 오지 않자, 물이 불어도 떠나지 않고 있다가 다리 기둥을 끌어안은 채 죽어야만 했다.

이런 자들은 제사에 쓰기 위해 매달아놓은 개나 제물로 강물에 던져진 돼지나 쪽박을 차고 구걸하러 다니는 거지와 다를 것이 없다. 본성으로 돌아가 목숨을 보존해야 마땅하거늘 쓸데없는 명분에 얽매여 진정한 삶의 길이 뭔지 알지 못한 놈들이다."

도척의 꾸짖음에 기가 질린 공자는 황망하여 두 번 절하고는 빠른 걸음으로 도망쳐 나왔습니다.

이 우언은 미생의 어리석은 행동을 비판한 것으로, 공자를 중심으로 하는 유가(儒家)들이 명분만을 좇는 모습을 빗대어 지어낸 이야기입니다.

비슷한 뜻의 한자성어

● **포주지신** 抱柱之信 | 안을 포, 기둥 주, 어조사 지, 믿을 신
기둥을 끌어안고 신의를 지켰다는 뜻으로, 고지식하여 융통성이 없거나 신의가 두터움을 비유한 말.

● **금석맹약** 金石盟約 | 쇠 금, 돌 석, 맹세 맹, 맺을 약
쇠와 돌처럼 굳고 변함없는 약속.

19 번지르르한 말에
속지 마라

口 蜜 腹 劍
구 밀 복 검

口 입구 蜜 꿀밀 腹 배복 劍 칼검

당나라 6대 황제 현종(玄宗)은 45년(712~756년)의 재위 기간 동안 초기에 할머니 측천무후가 어지럽힌 국정을 바로잡아 나라를 안정시키는 등 여러모로 뛰어난 모습을 보여주었습니다. 또한 연호를 개원(開元)이라 하고 30년 가까이 선정을 베풀어 온 백성이 태평성대를 누렸습니다. 이 기간을 '개원의 치(治)'라고 부릅니다. 이때는 나라가 안정되어 도둑도 없었다고 합니다.

현종의 곁에는 요숭·한휴·송경·장구령 등 유능한 충신들이 많았습니다. 그들은 직언을 서슴지 않으며 황제의 통치를 보좌했던 명재상들이었습니다.

어느 날, 현종이 사냥을 나갔다가 시간이 늦어지자 "이렇게 오랫동안 사냥을 한 것을 알면 한휴가 또 한마디 할 텐데, 어쩌나"라며 안절부절못했습니다.

보다 못한 신하들이 "폐하, 매사에 그렇게 한휴가 신경 쓰이시면 그를 내치시면 되지 않습니까?"라고 물었습니다.

그러자 현종은 "사실 한휴의 잔소리 때문에 머리가 아프고 몸도 바싹 마를 지경이오. 하지만 그 대신 백성들은 살이 찌지 않소. 나는 그것으로 족하오"라며 한휴를 두둔했습니다.

또 흉년이 들면 황궁의 쌀을 풀어 백성들에게 나눠주고, 친인척과 환관들이 정치에 관여하지 못하도록 막는 등 뛰어난 통치가의 면모를 보였습니다.

하지만 재위 후반기인 천보(天寶) 시대(742~755년)에 현종의 모습은 완전히 딴판이었습니다. 태평성대를 누리며 마음이 해이해진 데다 737년 사랑하던 아내 무혜비가 죽자 심한 우울증에 빠졌습니다.

조정에서는 현종을 위해 온 나라 안의 미녀들을 수소문하기 시작했습니다. 이 일의 총책임을 맡은 환관 고역사(高力士)는 외모뿐 아니라 교양 있고 예술도 아는 여자를 좋아하는 현종의 취향을 잘 파악하고 있었습니다. 그는 은밀히 한 여자를 발탁해서 그녀를 현종의 술자리로 불러냈습니다.

그녀는 그 자리에서 음악 애호가였던 현종이 연주하는 가락에 맞춰 자신의 특기인 뛰어난 춤솜씨를 보여주었습니다. 이날부터 56세의 현종은 22세의 그녀에게 반해 사랑에 빠졌습니다. 그녀의 이름은 양옥환(楊玉環)으로, 세상을 떠난 무혜비와의 사이에서 낳은 18번째 아들 수왕(壽王)의 아내, 즉 며느리였던 것입니다.

며느리와의 사랑이라니 유교적 관점에서는 말이 되지 않지만 그만큼 황제의 권한이 막강했다고 할 수 있습니다. 또 수나라와 당나라 황실의 기원이 북방 유목민인 선비족이다 보니 문화와 도덕관념이 예를 중시하는 한족과는 많이 달랐습니다.

그래도 사람들의 시선이 신경쓰였는지 현종은 양옥환을 아들 수왕과 이혼시키고 도교(道教) 사원으로 보내 도교의 도사로 만들었습니다. 도교에서는 입문만 하면 속세의 일이 지워지는 것으로 여겨졌기 때문입니다.

그 후 5년을 기다려 도교 도사를 모셔와 가르침을 받는다는 명분으로 양옥환을 황궁 내로 불러들였습니다. 이후 양옥환은 27세가 되던 해 귀비 책봉을 받아 양귀비(楊貴妃)가 되었습니다. 후궁 최고의 품계인 귀비는 황후 다음 가는 신분이었지만 그동안 황후의 자리가 비어 있었기에 양귀비가 실질적인 황후 노릇을 했습니다.

양귀비는 서시, 왕소군, 초선과 더불어 중국의 4대 미녀 중 한 사람으로 꼽힙니다. 사람의 마음을 미혹하고 중독시키는 아편의 원료인 꽃에 양귀비란 이름을 붙인 걸 보면 그녀의 미모는 치명적이었음을 짐작할 수 있습니다.

양귀비에게 빠진 현종은 그 후로 더 이상 국정을 돌보지 않고 환락에 빠져 살았습니다. 남달랐던 총명함도 점차 흐려져갔고 충신들은 하나둘 사라지고 그의 곁에는 간신배들로 채워졌습니다. 이로써 세계 역사에 빛나는 '대당제국'도 망국의 길로 접어들었습니다.

이때 이임보(李林甫)라는 희대의 간신이 등장합니다. 그는 환관에게 뇌물을 바친 인연으로 양귀비에게 들러붙어 현종의 환심을 산 뒤 재상 자리에까지 오릅니다. 모략, 위선, 술수의 귀재였던 그는 겉으로는 모든 사람에게 항상 깍듯이 대하며 얼굴에 미소를 띠고 온화한 태도를 보였습니다. 그러나 현종의 비위를 맞추면서 충신들의 직언이 왕의 귀에 들어가지 못하게 막았습니다. 동시에 절대로 앞에 나서지 않고 은밀히 죄를 날조하고 뒤집어씌운 다음 여러 충신을 제거해버렸습니다

양귀비를 조종해 독재정치를 펴던 이임보는 현종에게 쓴소리를 아끼지 않던 충신이자 가장 강력한 정치적 맞수였던 장구령(張九齡)도 갖은 중상모략으로 좌천시켜버렸습니다. 이임보가 밤새 그

의 서재 언월당(偃月堂) 안에 들어앉았다 하면 그다음 날 반드시 누군가가 죄를 뒤집어쓰고 죽거나 감옥에 들어갔습니다.

　그가 겉과 속이 다른 인물임을 알게 된 조정의 모든 사람과 황태자도 그를 두려워했습니다. 심지어 훗날 난을 일으키는 안록산(安祿山)조차 이임보를 두려워해 그가 살아 있는 동안에는 거사를 하지 못했습니다. 그는 무려 17년 동안 재상 자리에 앉아 죽는 날까지 현종의 귀와 눈을 가려 당나라를 망쳐놓은 간신이었습니다.

　증선지(曾先之)가 엮은 중국 고대 역사서《십팔사략(十八史略)》에는 이임보를 이렇게 평했습니다.

　"이임보는 권세와 지위가 자신을 압박할 만한 위치에 있는 사람들을 질투했다. 그들을 여러 가지 계책을 써서 제거하고, 자신보다

능력이 뛰어나거나 현명한 사람들을 배척하고 억눌렀다. 그는 성격이 매우 음흉한 사람이다. 그런 그를 보고 사람들은 '입에는 꿀이 있고 배에는 칼이 있다'고 말했다."

여기서 나온 말이 구밀복검(口蜜腹劍)으로 '겉은 웃는 낯이지만 속으로는 사람을 해칠 생각을 품고 있음'을 뜻하게 되었습니다.

이임보가 죽고 나자 양귀비의 사촌오빠 양국충이 권력을 잡고 이임보의 잘못들을 낱낱이 고했습니다. 그제야 현종은 죽은 이임보의 모든 지위와 재산을 박탈하고 부관참시했지만 때는 늦었습니다. 4년 뒤 안록산의 난이 일어나면서 현종은 비참하게 황제 자리를 내놓아야 했습니다.

비 슷 한   뜻 의   한 자 성 어

- 면종복배 面從腹背 | 낯 면, 좇을 종, 배 복, 등 배
  겉으로는 복종하는 체하면서 내심으로는 배반함을 이르는 말.

- 표리부동 表裏不同 | 겉 표, 속 리(이), 아닐 부, 한가지 동
  겉으로 드러나는 말과 행동이 속으로 가지는 생각과 다름을 이르는 말.

20 하늘이
짝지워준 인연

月 下 氷 人
월 하 빙 인

月 달 월   下 아래 하   氷 얼음 빙   人 사람 인

중국 당나라 2대 황제 태종 때의 이야기입니다.

두릉(杜陵) 지방에 위고(韋固)라는 남자가 있었습니다. 그는 일찍부터 아내를 맞고 싶어했으나 뜻대로 되지 않았습니다.

어느 날, 여행을 하다가 송성(宋城)의 남쪽에 있는 여관에 묵었는데, 그날 밤 산책을 하던 위고의 눈에 어떤 노인이 들어왔습니다. 그 노인은 휘영청 밝은 달빛 아래 돌계단에 앉아 열심히 책을 뒤적이고 있었습니다. 노인 옆에는 붉은색 끈이 가득 들어 있는 커다란 포대가 하나 있었습니다.

호기심이 생긴 위고가 노인에게 다가가 물었습니다.

"어르신, 무슨 책이길래 그렇게 열심히 보고 계십니까? 그리고 저 포대에 든 붉은 끈들은 어디에 쓰시는 것인지요?"

노인이 대답했습니다.

"이 세상 남녀들의 혼인에 관한 인연이 기록된 책을 읽고 있다네. 그리고 이 끈은 장차 부부의 연을 맺을 남녀의 발을 묶는 데 쓴다네. 두 발이 묶이면 두 사람은 원수지간 집안이든, 수만 리 서로 떨어져 살든, 아무리 빈부 차가 크든 결국 부부가 되지."

위고는 노인의 말이 농담이라고 생각하고 장난삼아 물어보았습니다.

"그러면 저는 언제쯤 혼인하게 됩니까?"

그러자 노인이 이렇게 대답했습니다.

"음…. 시간이 많이 걸리겠군. 자네의 아내가 될 사람은 지금 겨우 세 살이라네."

위고가 노인에게 그 아이는 지금 어디에 있느냐고 물으니, 노인은 진(陳)씨라는 노파의 딸이라고 말하며 위고를 진씨 노파의 집으로 데려갔습니다.

그는 노파와 여자아이를 보고 깜짝 놀랐습니다. 노파는 애꾸눈이었고 딸은 아주 못생긴 아이였던 것입니다.

"제가 저 여자아이를 죽이면 어떻게 되겠습니까?"라고 위고가

물었습니다.

노인은 정색하며 "저 아이의 운명은 자네의 아내가 되기로 정해져 있는데 어떻게 죽인단 말인가?"라고 대답하더니 홀연히 사라져버렸습니다.

위고는 애꾸눈 어머니를 둔 저렇게 못생긴 여자아이와 혼인해야 한다니 기분이 나쁘고 꺼림칙해졌습니다. 그는 집에 돌아와 하인에게 그 여자아이를 죽이라고 명했습니다. 하인은 미친 사람처럼 칼을 품고 시장에 가서 노파의 딸을 찔렀습니다.

그 후 14년의 세월이 흘렀습니다. 위고는 전투에서 눈부신 공을세워 상주 지방의 관리가 되었습니다. 당시 상주자사(相州刺使)로 있던 왕태(王泰)가 위고를 총애했습니다. 왕태는 금이야 옥이야 귀하게 키운 예쁘기로 소문난 자신의 딸을 위고에게 소개하며 아내로 삼도록 했습니다.

소문대로 용모가 빼어난 아내를 얻고 위고는 너무나 행복했습니다. 그런데 아내의 눈썹 사이에 꽃무늬가 하나 그려져 있는 것이 눈에 띄었습니다. 그 무늬는 아무리 씻어도 없어지지 않았습니다.

위고가 이상하게 여겨 꽃무늬의 비밀이 무엇인지 물었습니다.

그의 아내가 대답했습니다.

"저는 원래 송성 관리의 딸이었는데 아버지는 근무지에서 일찍 돌아가시고 얼마 되지 않아 어머니와 형제들도 모두 세상을 뜨셨어요. 혼자 된 저는 마음씨 좋은 유모의 손에서 자랐습니다. 유모는 애꾸눈으로 장애가 있었지만 채소 장사를 하며 저를 사랑으로 키우셨지요. 그런데 제가 세 살 되던 해에 유모를 따라 시장에 갔다가 어떤 미친 자가 휘두른 칼에 얼굴을 찔렸습니다. 천만다행으로 목숨은 건졌지만 눈썹 사이에 칼자국이 깊게 남았습니다. 그래서 꽃무늬를 그려 상처를 가린 것입니다. 뒷날 관직에 오른 삼촌이 저를 딸로 삼아주셨지요."

이 말을 들은 위고는 소스라치게 놀랐습니다. 14년 전 노인이 자신에게 했던 말이 떠올랐기 때문입니다. 그는 하늘의 뜻은 어길 수 없다는 것을 깨닫고 죽을 때까지 아내를 아끼는 좋은 남편으로 속죄하며 살았습니다.

또 하나의 이야기가 있습니다.

진(晉)나라 때, 색담(索紞)이라고 하는 아주 용한 점쟁이가 있었습니다.

어느 날, 영호책(令狐策)이란 사람이 찾아와 자신의 꿈을 해석해달라고 부탁했습니다. 영호책은 효성과 청렴함을 인정받아 관리가 된 훌륭한 사람이었습니다.

그가 색담에게 말했습니다.

"지난밤 꿈에 저는 얼음 위에 서 있었습니다. 얼음 밑에 누군지 모를 사람이 있어 그 사람과 얘기를 나누었습니다. 이게 도대체 무슨 꿈일까요?"

색담은 그 말을 듣더니 이렇게 해몽해주었습니다.

"얼음 위는 양(陽)이고, 얼음 아래는 음(陰)입니다. 양은 남자요, 음은 여자입니다. 음과 이런 대화를 나눈 것은 당신이 혼인의 중매를 서게 된다는 징조입니다. 당신의 중매로 혼인이 이루어지는 날짜는 얼음이 녹을 때가 될 것입니다."

정말 그 예언대로 얼마 후 지방 태수로부터 영호책에게 부탁이 들어왔습니다. 자기 아들이 아름다운 규수와 혼인할 수 있도록 중매를 해달라는 것이었습니다.

그가 맺어준 남녀는 혼인을 하게 되었고, 혼인하던 날 얼음도 녹고 시냇물도 흘렀습니다.

이 두 이야기에서 '달빛 아래 노인[月下老人]'과 '얼음 위의 사람[氷上人]'을 합쳐서 월하빙인(月下氷人)이라 부르게 되었습니다. 이후 '중매쟁이'를 일컫는 말로 쓰이고 있습니다.

비 숫 한 뜻 의 한 자 성 어

● 적승 赤繩 | 붉을 적, 노끈 승
인연을 맺어주는 붉은 끈, 또는 부부의 인연을 말함.

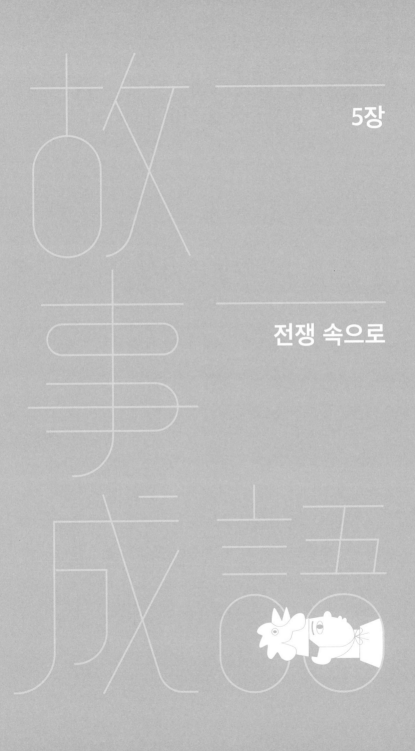

故事成語

5장

전쟁 속으로

눈치 빠른 것이
항상 좋은 것은 아니다

鷄 肋

계   륵

鷄 닭 계   肋 갈비 륵(늑)

중국 삼국 시대 위(魏)나라에 양수(楊脩)라는 사람이 있었습니다. 그는 후한 때 군사를 담당하던 재상인 태위(太尉) 양표(楊彪)의 아들로 명문가의 자손이었습니다. 두뇌가 비상하고 말솜씨와 재주가 뛰어났던 그는 젊은 나이에 낭중(郎中)으로 임명되었다가 이후 조조의 눈에 들어 주부(主簿) 벼슬을 지냈습니다. 주부는 문서작성, 서류관리 및 각종 인장을 주관하는 문신 계급으로, 승상 조조 밑에서 문서를 다루는 임무를 맡게 되었습니다.

어느 날, 조조가 화원을 하나 꾸미라고 명령했습니다. 화원이 완성되자 그곳을 둘러본 조조가 아무 말 없이 화원 문에다 '活(살 활)' 자를 써붙이고 돌아갔습니다. 아무도 그것을 이해하지 못하고 당황해하는데, 양수가 나서서 말했습니다.

"문(門)에다 활(活) 자를 써놓았으니 합치면 '闊(넓을 활)' 자로군. 승상께선 화원이 너무 넓어 마음에 들지 않아 하십니다. 정원의 크기를 줄이시오."

그 말을 듣고 일꾼들이 화원의 폭을 좁히고 아담하게 만들었습니다.

조조가 다시 와서 보고는 어떻게 자기의 마음을 알았는지 물었습니다. 일꾼들이 양수가 말해주었다고 대답하자 조조는 겉으로는 칭찬했으나 속으로는 양수를 꺼림칙하게 여겼습니다.

평소 양수는 비상한 머리로 항상 업무를 빨리 끝내고 바깥으로 놀러 나가곤 했습니다. 자주 자리를 비우는 양수에게 하인들이 걱정하며 물었습니다.

"이러다 혹시 승상이 오시면 어떻게 하려고 그러십니까?"

그러자 양수는 쪽지 세 장을 주며 대답했습니다.

"걱정 마라. 승상이 오셔서 공문 처리에 대해 물으면 첫 번째 대답은 이것을, 두 번째 대답은 이것을, 세 번째 대답은 이것을 보고 답변해드리면 된다."

잠시 후에 조조가 와서 공문 처리에 대해 질문을 했는데 정말 양수가 준 쪽지의 내용과 순서대로 들어맞았습니다. 그 덕분에 아무 탈 없이 지나갔습니다.

또 한번은 북쪽 변방에서 양젖으로 만든 귀한 음료인 수(酥) 한 병이 조조에게 진상되었습니다. 조조는 한 모금 마시고는 병에다 일합수(一合酥)라고 써서 상 위에 두었습니다. 그런데 양수가 들어와 그 글자를 보고는 여러 사람과 나누어서 다 마셔버렸습니다. 이 사실을 알게 된 조조가 양수에게 왜 그랬는지 묻자 양수가 대답했습니다.

"一合을 풀이하면 一人一口이니 한 사람이 한 입씩 먹으라는 승상의 뜻인데 어찌 어길 수 있겠습니까?"

이처럼 자신의 능력을 드러내 자랑하기를 즐겼던 양수는 점차 조조가 경계하는 인물이 되어 미움을 사게 됩니다.

조조가 한중(漢中)을 수중에 넣기 위해 촉나라 유비와 치열한 공방전을 벌일 때의 일입니다.

당시 조조는 한중 땅을 먼저 평정한 유비에게 군량 기지를 모두 빼앗겨 전투도 계속 지고 있던 터라 싸움은 장기전에 접어들었고, 군대에서 탈영병도 속출하기 시작했습니다. 조조의 심중에는 더 이상 전쟁을 계속하기 어렵겠다는 판단이 섰습니다. 한중에서 물

러나자니 아깝고 계속 싸우자니 여력이 없었던 것입니다.

어느 날, 식사로 닭고기 탕이 올라왔습니다. 조조가 탕 그릇 속의 닭갈비를 한참 들여다보고 있는데, 부하 하후돈이 장막 안으로 들어와 오늘 밤 암호를 정해달라고 했습니다.

그러자 조조는 이렇게 말했습니다.

"계륵(鷄肋 닭 계, 갈비 륵)이다."

양수가 이를 전해 듣고, 즉시 부하들에게 각자 군수 물품들을 챙겨 돌아갈 준비를 하라고 명령했습니다. 어리둥절한 하후돈이 그 이유를 물으니 양수가 이렇게 대답했습니다.

"오늘 밤 암호를 보니 승상께서 곧 퇴군을 명하실 것입니다. 닭

갈비라는 게 원래 먹을 건 별로 없고 버리자니 아까운 그런 부위지요. 승상께서는 한중 땅이 아깝긴 하나 더 있어봤자 이익을 얻을 게 별로 없으니 돌아가는 것이 낫겠다는 결심을 하신 것입니다. 내일은 군사를 물릴 것이니 철수 명령에 당황하지 말고 미리 준비해두는 것이 좋겠습니다.”

이 말에 하후돈도 군사들에게 행장을 꾸리라고 명령했습니다.

그날 밤 조조가 군영을 돌아보다 짐을 싸는 부대의 움직임을 보고 깜짝 놀랐습니다. 이것이 다 양수의 말에서 비롯되었다는 것을 알고 크게 분노한 조조는 기밀을 누설하고 당파를 만드는 등 군대의 질서를 어지럽혔다는 죄목으로 양수의 목을 베었습니다. 그러고 나서 결국 다음날 군대를 물리고 말았습니다.

조조는 양수를 죽이긴 했지만, 그의 아버지이자 조정의 원로인 양표가 마음에 걸렸습니다. 그래서 선물을 잔뜩 보내며 양수를 죽

고사성어 속 고사성어

노우지독 老牛舐犢 | 늙을 로(노), 소 우, 핥을 지, 송아지 독
‘늙은 소가 송아지를 핥아주는 사랑’이라는 뜻으로, 자식에 대한 부모의 사랑이 깊음을 이르는 말.

이게 된 이유를 설명하고 사죄했습니다.

이후 양표가 눈에 띄게 몸이 수척해진 것을 보고 조조가 까닭을 물었습니다.

양표가 대답했습니다.

"제가 어리석어 자식을 잘 가르치지 못해 이런 일이 생겼습니다. 막상 아들이 죽고 나니 늙은 어미 소가 어린 송아지를 핥아주는 마음처럼 자식 잃은 슬픔이 커서 그런 것 같습니다."

양표의 대답에서 부모가 자녀를 아끼고 깊이 사랑하는 마음을 비유하는 노우지독(老牛舐犢)이라는 고사성어가 유래했습니다.

비슷한 뜻의 한자성어

- 승소 僧梳 | 승려 승, 얼레빗 소
  '승려의 빗'이라는 뜻으로, 필요 없는 물건을 비유적으로 이르는 말.

- 식지무미 기지가석 食之無味 棄之可惜
  | 밥 식, 어조사 지, 없을 무, 맛 미, 버릴 기, 어조사 지, 옳을 가, 아낄 석
  '먹자니 맛이 없고 버리자니 아깝다'는 뜻으로, 별 가치는 없으나 버리기에는 아까움을 이르는 말.

한편, 촉나라의 재상이자 전략가 제갈량은 양수가 죽었다는 소식을 전해 듣고 이렇게 말했습니다.

"양수는 분명히 탁월한 능력자였으나 남보다 잘 아는 것을 입 안에 삼키고 있기 어려운 사람이었다. 그가 조금만 더 지혜로웠다면 입을 열지 않았을 것이고 죽지도 않았을 것이다."

후대 사람들은 양수에 대해 천재적인 상황 판단력과 총명함을 지녔지만, 덕과 조심성은 그에 못 미쳤다고 평가하고 있습니다.

22 사방엔 온통 적들뿐

四 面 楚 歌
사 면 초 가

四 넉 사　面 낯 면　楚 초나라 초　歌 노래 가

중국 최초의 통일 왕조인 진(秦)나라가 멸망(기원전 221년)하자 천하는 많은 영웅이 등장해 패권을 다투게 되었습니다. 그중 세력이 가장 강했던 초(楚)나라의 항우(項羽)와 한(漢)나라의 유방(劉邦)은 천하의 패권을 놓고 하남·안휘·산동 일대에서 5년간 전쟁을 벌였습니다.

초기에는 항우의 초나라 군대가 절대 우세했으나, 전투가 장기전으로 접어들고 나중에는 유방의 한나라 군대가 더 강해져 전세가 역전되었습니다. 병력과 군량을 충분히 비축한 유방의 군대에 비해 항우의 군대는 지칠 대로 지친 데다 군량도 떨어져가고 있었습니다.

하지만 유방은 부모와 부인이 초나라에 인질로 잡혀 있어 섣불리 항우를 칠 수 없었습니다. 한나라 조정은 육가(陸賈)를 초나라로 보내 유방의 아버지 태공을 돌려보내달라 청했으나 항우는 이를 거절했습니다.

이에 유방은 다시 후공(侯公)을 보내 항우를 설득했습니다. 전세가 한나라 쪽으로 기운 터라 이 제의를 받아들일 수밖에 없었던 항우는 한나라와 천하를 반씩 나눠 가지기로 조약을 맺고 유방의 부모와 처자식을 돌려보내줬습니다. 천하를 나누는 경계는 홍구(鴻溝)로, 홍구의 서쪽은 한나라, 동쪽은 초나라 땅으로 삼기로 협약을 맺었습니다.

한 뼘 더 깊게

홍구는 어떤 곳일까?
홍구는 큰 도랑이라는 뜻으로, 지금의 허난성(河南省)에 있는 중국 최초의 운하를 말한다. 기원전 361년 전국 시대 위나라 혜왕 때 축조된 이 인공 수로는 폭이 최대 800m, 깊이는 최대 30m에 달했을 것으로 추정된다.

협약을 맺은 후 항우는 자신에게 협력했던 제후들의 군대를 해산하고 초나라 수도 팽성(彭城)을 향해 철군 길에 올랐습니다. 유방도 서쪽의 한중(漢中)으로 철수하려고 채비를 했습니다. 그러자 유방의 부하인 장량(張良)과 진평(陳平)이 극구 만류하며 이같이 주장했습니다.

"초나라를 섬멸할 이 절호의 기회를 놓친다면 '호랑이를 길러 스스로 우환을 남기는 격'[養虎遺患]입니다."

양호유환 養虎遺患 | 기를 양, 범 호, 남길 유, 근심 환
범을 길러서 화근을 남긴다는 뜻으로, 화근이 될 것을 길러서 후환을 당하게 됨을 이르는 말.

이 말을 들은 유방은 협약을 깨고 다시 군사를 모아 돌아가는 항우를 기습 공격했습니다. 이때 명장 한신과 팽월의 힘을 빌리기 위해 장량의 제안에 따라 그들에게 천하를 삼분해주기로 약속하고 전투에 참여시켰습니다.

드디어 당대의 영웅들이 해하(垓下)로 모두 모여들었습니다. 기원전 202년 12월, 한의 연합군은 항우에게 최후의 일격을 가하기

위해 진격했습니다. 당시 한나라에는 30만, 초나라에는 10만의 군
사가 있었습니다. 삼면을 포위하고 공격해오는 한나라 연합군의
공격에 초나라군은 처참하게 궤멸되었습니다.

10만 명의 초나라 병사 중 8만여 명이 전사하고 그나마 살아남
은 군사들도 포위망에서 빠져나갈 가망이 없는 상황이었습니다.
하지만 포위된 초나라 군사들이 독기를 품고 죽기 살기로 덤벼들
어 쉽게 기세가 꺾이지 않았습니다.

이때 한나라 군은 고도의 심리작전을 펼쳤습니다. 초나라 군을
포위한 한나라 군 진영 사방에서 초나라의 노래를 부르게 한 것입
니다. 고향의 노래가 사방에서 울려퍼지자 초나라 군사들은 고향
과 가족 생각에 싸울 의지를 잃고 눈물을 흘리며 앞다투어 탈영
하기 시작했습니다.

한나라 군대는 탈영하는 초나라 군사들을 죽이지 않고 일부러 지나가게 해주자 탈영병의 규모는 급격히 늘어났습니다. 심지어 항우의 숙부인 항백, 초군 최고의 장수 종리매, 계포 등도 달아났습니다. 결국 초나라 군에는 환초, 주란, 항장 등의 장수와 800여 명의 군사만 남게 되었습니다.

진중에서 초나라 노랫소리를 들은 항우는 크게 당혹스러워하며 탄식했습니다.

"이미 초나라가 유방에게 다 넘어갔다는 말인가. 어찌 적진에 포로의 수가 저렇게 많은가."

비분강개한 항우는 마지막 연회를 베풀고 술을 마시면서 노래를 불렀습니다. 이것이 유명한 〈해하가(垓下歌)〉입니다.

내 힘은 산을 뽑아들고 내 기운은 세상을 덮는다.

하지만 때가 이롭지 못하니 나의 명마 추(騅)도 나아가지 않는구나.

추가 더 이상 나아가지 못하니 난 이제 어찌해야 하나.

우희(虞姬)야, 우희야, 너를 어찌할까.

力拔山兮氣蓋世

時不利兮騅不逝

騅不逝兮可奈何

虞兮虞兮奈若何

항우는 눈물을 흘리기 시작했고, 그 모습을 본 사람들도 모두 울었습니다. 위 노래에 등장하는 추(騅)는 항우가 타고 다니던 명마 오추마(烏騅馬)를 가리키는데, 까마귀[烏]처럼 검은색이어서 붙은 이름입니다. 전설에 따르면 원래 흑룡이었는데 어느 마을의 호수에 내려온 뒤 야생말로 변해 사납게 날뛰며 농작물을 짓밟고 사람들을 공격했다고 합니다. 아무도 손쓸 엄두를 못 내고 있을 때 마침 근처를 지나던 천하장사 항우가 단 반나절 만에 힘으로 제압하고 길들였다는 이야기가 전합니다.

중국 역사상 4대 미인으로 꼽히는 항우의 애첩 우희는 마지막까지 항우의 곁을 지키다가 〈해하가〉를 들은 후 비장하게 칼춤을 추며 스스로 목숨을 끊었습니다. 자신이 항우의 앞길에 걸림돌이 될 것 같았기 때문입니다. 항우와 우희의 사랑과 이별을 그린 작품이 바로 〈패왕별희〉입니다.

고사성어 속
고사성어

패왕별희 霸王別姬 | 으뜸 패, 임금 왕, 나눌 별, 아씨 희
초나라 패왕 항우가 애첩 우희와 이별한다는 뜻으로, 훗날 항우의 비극적인 죽음을 내용으로 하는 중국 경극의 제목으로 쓰임.

괴력을 지닌 항우는 오추마를 타고 숱한 전장을 누볐지만 한 번도 패한 적이 없는 맹장이었습니다. 그런 그도 해하 전투에서 처음이자 마지막 패전을 당하고 몰락했습니다. 사면초가에 빠진 항우는 더 이상 이길 수 없음을 직감하고는 남은 800여 기병을 거느리고 오추마를 타고 필사의 탈출을 시도했습니다. 유방의 5000여 추격병과 싸우면서 오강(烏江)까지 달아난 그와 함께한 마지막 기병은 겨우 28명에 불과했습니다.

항우가 오강에 도착하자 마침 강변에 배가 있었습니다. 배를 끌고 온 사람이 자신을 오강 유역을 다스리는 정장(亭長)이라고 소개하며 항우에게 말했습니다.

"강동(江東) 땅은 비록 넓지는 않아도 백성이 수십만입니다. 충분히 이 지방의 왕이 되어 후일을 도모하실 수 있습니다. 어서 급히 배에 올라 건너십시오. 지금 이곳에는 저의 배만 있으니, 한나라 군사가 추격해 와도 강을 건너지 못할 것입니다."

그러나 항우는 웃으며 대답했습니다.

"하늘이 나를 망하게 하는데, 이제 혼자 살아서 강을 건너가는 것이 무슨 소용이 있겠나? 처음 내가 군사를 일으킬 때 강동 지방 백성의 자제들 8000명을 이끌고 강을 건너 서쪽으로 왔었소. 설사 그들의 부모와 형제들이 나를 불쌍히 여겨 왕으로 삼아준다 한들 무슨 면목으로 그들을 볼 수 있단 말이오. 설령 그들이 아무 말 하지 않는다 해도 하늘에 부끄러워 어찌 살겠는가?"

죽음을 결심한 항우가 살아남은 28명의 부하들에게 오추마와 함께 배를 타고 강을 건너가라고 명령했습니다. 배에 탔던 오추마는 항우에게 돌아가기 위해 강으로 뛰어들었다가 다시 나오지 못했습니다.

부하들을 떠나보낸 항우는 홀로 유방의 포위망에 뛰어들어 최후의 결전을 치렀습니다. 막대한 현상금이 걸린 그의 목숨을 노리고 벌떼처럼 달려든 한나라 병사들 중에 항우의 옛 친구가 있었습니다. 그 얼굴을 보자 항우는 탄식하며 스스로 목숨을 끊고 파란만장한 일생을 마쳤습니다. 이때 항우의 나이는 겨우 31세였습니다. 훗날 당나라 말기 시인 두목(杜牧)은 그의 죽음을 안타까워하며 지은 시에서 '흙먼지 일으키며 다시 왔다면[捲土重來] 그 끝은

고사성어 속 고사성어

권토중래 捲土重來 | 거둘 권, 흙 토, 무거울 중, 올 래(내)
'땅을 말아 일으킬 것 같은 기세로 다시 온다'는 뜻으로, 한 번 실패했지만 힘을 회복해 다시 쳐들어옴을 이르는 말. 항우가 유방과의 결전에서 패하여 오강 근처에서 자결한 것을 탄식한 데서 유래함.

알 수 없었으리라'라고 표현했습니다.

항우의 초나라 군대가 유방의 한나라 군대에 맞서 싸운 이야기에서 유래한 사면초가(四面楚歌)는 사방에서 초나라의 노래가 들린다는 뜻으로, 온통 적들에게 둘러싸여 어디에도 도움을 받을 수 없는 지경에 빠진 경우를 이르는 말로 쓰입니다.

23

역발상으로
위기를 돌파하라

背 水 陣
배 수 진

背 등 배   水 물 수   陣 진칠 진

진시황이 죽고 난 후, 한나라의 유방이 초나라의 항우와 천하의 패권을 다투고 있을 때의 일입니다.

한나라의 대장군 한신은 북진하며 위나라를 정복했습니다. 여세를 몰아 조나라를 치라는 유방의 명령으로 조나라로 쳐들어갔습니다.

한신의 공격 소식을 들은 조나라 왕 조헐(趙歇)과 재상 진여(陳餘)는 정형구(井陘口)에 수비 진영을 갖추었습니다. 이곳은 하북성 북쪽의 정형관 지역으로, 형(陘)이란 산맥이 중간에 끊겨서 두 산

사이가 아주 좁아진 험한 지형을 말합니다. 중국 9대 요새 중 하나로 꼽히는 곳이기도 합니다.

이 지형을 잘 아는 진여의 참모이자 전략가 이좌거(李左車)가 진여에게 건의했습니다.

"한나라의 한신 부대는 승전을 거듭하며 사기가 하늘을 찌른다고 들었습니다. 이제 우리 조나라로 쳐들어오고 있는데 그들을 막기가 쉽지 않을 것입니다. 하지만 그들은 원정에 나서 천릿길을 달려온 터라 군량미 보급이 힘든 약점이 있습니다. 마침 정형의 길이 좁고 험해서 수레가 한 대 이상 지날 수 없고 기병들이 대열을 이루기도 어렵습니다. 또 그런 길이 수백 리나 이어집니다. 제게 별동대 3만 명만 주시면 지름길로 달려가 후방의 보급로를 끊어놓겠습니다."

이좌거는 거침없이 말을 이어갔습니다.

"그러니 재상께서는 성 둘레를 더 깊이 파 물길을 내고 성벽을 더 두껍고 높이 쌓은 후 지키기만 하십시오. 이렇게 하면 한나라 군대는 전진해서 싸울 수도 후퇴해서 돌아갈 수도 없게 됩니다. 분명 한나라 군대는 굶어죽고 천하의 한신도 열흘을 버티지 못하고 목을 내놓게 될 것입니다."

그런데 진여는 이좌거의 제안을 묵살했습니다.

"그건 옳지 못한 방법이네. 아무리 전쟁이라도 정정당당하게 해야 하지 않겠나."

유학자 진여는 자신의 군대를 의로운 군대로 여기고 적을 속이는 기습작전을 쓰는 것은 옳지 못하다고 생각했던 것입니다. 물론 진여에게 그런 대의명분만 있었던 것은 아니었습니다. 그는 나름의 전략을 내세우며 이렇게 말했습니다.

"한신의 부대는 천 리 원정으로 많이 지쳐 있을 테고 현재 우리 병력이 압도적으로 많소. 그런데 맞서 싸우지 않는다면 다른 제후국들이 우리를 업신여길 것이오. 그리고 시간을 끌며 지구전을 벌이는 건 우리에게도 피곤한 일이니 속전속결로 단번에 쓸어버리는 게 상책이오."

사실 한신의 부대는 사기는 높았지만 2만여 명에 불과해 20만의 조나라 군에 비하면 절대 열세였습니다. 또 정예병들은 이미 초나라와의 전투에 차출되었고 조나라와의 전투에는 농사짓다가 자원 입대한 병사들이 대부분이었습니다. 한마디로 오합지졸(烏合之卒)이었지요.

이때 한신은 진여가 이좌거의 제안을 받아들이지 않았다는 첩보를 듣고 매우 기뻐했습니다. 상황을 확인한 한신은 진군을 계속하여 정형구 10여 리 앞에서 진을 쳤습니다. 그러고는 새벽녘에 날랜 기병 2000여 명을 따로 뽑았습니다. 그들에게 각자 한나라를 상징하는 붉은 깃발을 들고 조나라 성채 뒷산에 들어가 잠복

고사성어 속
고사성어

오합지졸 烏合之卒 | 까마귀 오, 합할 합, 어조사 지, 군사 졸
'까마귀가 모인 것처럼 질서가 없는 병졸'이라는 뜻으로, 임시로 모여들어서 규율이 없는 군대나 군중을 이르는 말.

하라고 하며 다음과 같이 명을 내렸습니다.

"조나라 군대는 내가 싸우다 달아나는 것을 보면 반드시 성벽을 비우고 모두 달려나올 것이다. 그때 바로 성벽에 올라가 조나라의 깃발을 뽑고, 우리 한나라의 붉은 깃발을 꽂도록 해라."

그런 다음 한신은 기괴한 작전을 펼쳤습니다. 1만여 군사를 정형구 출구 쪽으로 보내 면만수(綿曼水) 강을 등지고 진지를 구축하게 한 것입니다. 이것이 그 유명한 '배수진'입니다.

그는 도열한 군사들에게 전투식량으로 볶은 곡식가루 이틀 치를 나눠주면서 말했습니다.

"이것이 우리에게 있는 식량의 전부다. 그리고 우리에겐 물러날 곳이 없다. 이제 사력을 다해 싸워 조기 승전할 것이냐 아니면 도망치다 강물에 빠져 죽을 것이냐 선택해야 한다. 위대한 한나라 군사들이여, 나와 함께 천하통일을 위해 목숨 걸고 싸우자."

한나라 군대에서 함성이 터져나왔습니다.

이 광경을 바라보던 조나라 군사들이 비웃었습니다.

"강을 등지고 진을 치는 멍청한 짓을 하는데, 누가 저런 한신을 명장이라 했나."

동이 터오자 대장기를 앞세운 한신은 직접 군대를 이끌고 정형 구 쪽으로 진격했습니다. 조나라 군은 한나라 군이 북을 울리며 공격해오자 한신의 본대를 격파하기 위해 성문을 열고 뛰쳐나왔 습니다. 적은 수의 한나라 군을 얕잡아본 조나라 군사들은 저마 다 한신의 목을 노리며 공격했습니다. 현격한 전력의 차이에도 불 구하고 한나라 군은 장시간 사력을 다해 맞서 싸웠습니다.

분전(奮戰 떨칠 분, 싸움 전)의 한계가 올 즈음 한신의 부대는 깃 발과 북을 버리고 달아나기 시작했습니다. 그때까지 치열하게 싸웠기 때문에 한신의 부대가 달아나는 거짓 연기는 의심을 사지 않았습니다.

조나라 군은 먼지를 일으키며 기세등등하게 한나라 군대를 추격했습니다. 급히 후퇴한 한신의 부대는 배수진을 치고 있는 그들의 진영으로 들어갔습니다.

이때 산 위에서 이 상황을 지켜보던 2000여 기병대가 신속하게 움직였습니다. 그들은 텅 비어 있는 조나라 성 안으로 들어가 조나라의 깃발들을 뽑아내고 한나라를 상징하는 2000개의 붉은 깃발을 꽂았습니다.

한편, 배수진을 치고 죽기를 각오한 한나라 군대가 예상치 않게 강력히 저항하자 조나라 군대는 그 기세에 완전히 눌려버렸습니다. 더 이상 어쩌지 못하고 전력을 가다듬으려 성으로 돌아가던 조나라 군사들은 경악하고 말았습니다. 이미 성벽에는 2000개의 한나라 깃발이 펄럭이고 있었기 때문입니다. 극심한 공황 상태에 빠져 우왕좌왕하던 조나라 군사들은 앞뒤로 몰아치는 한나라 군대에 처참하게 패했습니다.

기적 같은 승리를 거둔 후 벌어진 승전 축하연에서 한신의 부하들은 적들의 머리와 포로들을 바친 후 한신에게 물었습니다.

"병법에는 산을 등지고 강을 앞에 두고 싸우라 했는데, 대장군께서는 오히려 강을 등지고 진을 치게 하신 후 승리를 거두었습니다. 솔직히 저희가 속으로는 따르지 못했습니다. 도대체 이것은 무슨 전법이었습니까?"

한신이 웃으며 대답했습니다.

"이것도 병법에 나와 있는데 다만 그대들이 잘 살펴보지 못했을 뿐이네. 병법에 보면 '사지에 빠진 후에야 살 수 있고, 망지에 놓인 후에야 살아남는다[陷之死地而後生 置之亡地而後存]'고 하지 않았는가. 우리 병사들은 전투 경험도 없고 훈련받을 기회도 거의 없는 오합지졸들이라. 살 길이 보이면 다들 달아나려 했을걸세. 그러니

비슷한 뜻의 한자성어

● 결사항전 決死抗戰 | 결단할 결, 죽을 사, 겨룰 항, 싸움 전
죽을 각오로 맞서 싸움.

● 파부침선 破釜沈船 | 깨뜨릴 파, 가마 부, 잠길 침, 배 선
'솥을 깨뜨려 다시 밥을 짓지 않고 배를 가라앉혀 강을 건너 돌아가지 않는다'는 뜻으로, 죽을 각오로 싸움에 임함을 이르는 말.

● 기량침선 棄糧沈船 | 버릴 기, 양식 량(양), 잠길 침, 배 선
'배를 가라앉히고 솥을 깬다'는 뜻으로, 필사의 각오로 결전함을 이르는 말.

승리를 위해서는 형세를 사지에 놓는 방법밖에 없었다네.”

한신이 거둔 승리는 열세에 있던 한나라가 초나라와의 전세를 뒤집는 계기가 되었습니다.

이 이야기에서 비롯된 배수진(背水陣)은 강을 등지고 진을 치는 것처럼 물러서지 않고 필사적인 각오로 어떤 일을 대한다는 의미로 쓰입니다.

24

거칠 것이 없다

破 竹 之 勢

파 죽 지 세

破 깨트릴 파　竹 대나무 죽　之 어조사 지　勢 기세 세

중국 삼국 시대 말기의 일입니다.

사마염(司馬炎)이 265년에 조조가 세운 위(魏)나라의 마지막 황제 조환(曹奐)을 협박해서 황제 자리를 물려받았습니다. 이후 나라 이름을 진(晉)으로 바꾸고 서진(西晉)의 초대 황제 무제(武帝)가 되었습니다. 이때는 이미 유비가 세운 촉(蜀)나라도 망한 뒤여서 삼국 중에서는 오(吳)나라만 남아 있었고, 이제 천하의 패권을 두고 진나라와 오나라가 대립하게 되었습니다.

사마염이 진나라 황제가 되었을 당시 오나라를 다스리고 있던 황제는 손권의 손자인 손호(孫皓)였습니다. 그는 희대의 폭군으로 퇴폐와 향락에 젖어 살며 잦은 토목 공사, 명분 없는 천도, 잔인한 숙청을 일삼아 오나라를 위험에 빠뜨렸습니다.

269년, 나라 안을 정비한 사마염은 남쪽 오나라를 정복하여 천하를 통일할 계획을 세웠습니다. 그는 양호(羊祜)를 진남대장군(鎭南大將軍)으로 삼아 접경지인 양양(襄陽)에서 군사를 길러 오나라 정벌에 대비하게 했습니다.

양호가 처음 부임했을 무렵, 양양에 남아 있는 군량은 100일 치도 되지 않았습니다. 그는 밭을 개간하는 등의 노력으로 군량을 10년 치로 늘렸고, 선정을 베풀어 민심을 얻었습니다.

그가 베푼 선정이 얼마나 대단했던지 양양 백성들은 나중에 양호가 죽자 그를 기리는 사당을 짓고 비석을 세워 계절마다 제사를 지냈습니다. 백성들 중 이 비석을 바라보면 양호가 베푼 선정을 그리워하며 눈물을 흘리지 않는 사람이 없다 하여 타루비(墮淚碑 떨어질 타, 눈물 루, 비석 비)라는 별칭이 붙었습니다.

양호는 사마염에게 장강으로 둘러싸인 요새였던 오나라를 공략하려면 수군 양성이 필요하다고 건의했습니다. 이를 받아들인 사마염은 왕준(王濬)에게 수군을 감독하고 대대적으로 전함을 만들도록 했습니다.

하지만 양호는 출정을 앞두고 278년에 급작스레 병이 들었습니다. 그해 11월에 병이 위독해지자 사마염에게 자신의 후임으로 두예(杜預)를 천거한 후 세상을 떠났습니다. 이에 사마염은 소복 차림으로 양호의 장례식에 참석해 눈물을 흘리며 슬퍼했습니다.

양호의 유언에 따라 새로 진남대장군으로 임명된 두예는 먼저 진나라의 군대를 정비하고 군사들의 사기를 높이는 데 정성을 기울였습니다. 드디어 20만 군대를 거느리고 오나라 정벌에 나섰습니다. 진나라 군대는 두예의 지휘 아래 여섯 갈래로 나뉘어 수륙

한 뼘 더 깊게

두예는 어떤 인물일까?

토목과 병법에 통달한 학자이자 명재상. 몸집이 크고 무예가 뛰어난 여느 대장군과 달리 신체가 유약하고 말도 잘 타지 못하는 선비 출신이어서 무예가 뛰어나지는 못했다. 그는 손에 깃털 부채를 들고 머리에 두건을 두른 차림으로 수레에 올라 전투를 지휘했다고 한다. 또한 토목 지식을 바탕으로 황하에 대교를 놓았고, 오나라를 멸하고 삼국을 통일한 후에는 형주 중부와 남부를 연결하는 운하를 건설하기도 했다. 63세로 죽을 때까지 사마염이 잠시도 쉬게 놔주지 않았을 정도로 유능한 인물이었다고 한다.

양면 공격 전술을 폈습니다. 서쪽 공격 경로의 지휘를 맡았던 두예는 수륙 연합작전을 펼 때는 왕준의 수군도 지휘했습니다.

280년 두예는 병력을 강릉(江陵) 일대에 배치하고 왕준의 수군들에게 장강을 거슬러 올라가게 했습니다. 두예의 작전대로 10여 일 동안 진나라 군대는 장강 유역의 여러 도시를 점령했습니다. 이어 두예는 단 800명의 정예군대를 보내 배를 타고 강을 건너 낙향성(樂鄕城)을 기습하게 했습니다.

그들이 곳곳에 진나라의 깃발을 꽂고 파산(巴山)에 불을 지르자 오나라 군대의 사기는 급격히 떨어졌습니다. 오나라 도독(都督) 손흠은 요새가 습격당했다는 보고를 받자 깜짝 놀라 물었습니다.

"진나라 군사들은 몸에 날개가 있어 장강을 날아왔단 말이냐? 도대체 믿을 수가 없구나."

날이 어두워지자 진나라 군사들은 손흠을 생포해서 강을 건너 돌아왔습니다. 두예의 부하들은 두예가 겨우 800명으로 오나라의 도독을 생포해온 것을 보고 감탄을 금치 못했습니다.

그들은 "계략으로 전투를 대신하고 한 명이 만 명을 감당해내는구나[以計代戰一當萬]"라는 노래를 지어 부르며 두예를 칭송했습니다.

두예는 도독을 잃은 오나라 군대가 우왕좌왕하는 틈을 타 단번에 강릉을 점령했습니다. 그가 장강의 상류를 평정하자 오나라 군

사들은 전의를 상실하고 항복했습니다.

이후 힘들게 무창(武昌)을 손에 넣은 두예는 부하 장수들과 오나라 군에 결정적 타격을 가할 작전 회의를 열었습니다.

한 장수가 의견을 냈습니다.

"이것만으로도 충분한 전과입니다. 얼마 있으면 봄비로 강물이 범람할 것이고, 장마가 시작되면 전염병이 돌게 마련입니다. 또 100년 역사를 가진 오나라의 전력을 만만히 보면 안 됩니다. 과거 위풍당당하던 위 무제(武帝) 조조도 적벽(赤壁)에서 오나라 군에 참패했고 위 문제(文帝) 조비도 여러 차례 오나라를 쳤으나 실패했습니다. 일단 회군한 뒤 전열을 재정비한 후 가을철에 다시 공격하는 것이 좋겠습니다."

그러자 회의장이 술렁대기 시작했습니다. 바로 이때 두예가 단호하게 말했습니다.

"어리석은 소리 하지 말게. 지금 우리 군사들의 사기가 하늘을 찌를 듯 높은 것을 모르고 하는 말인가. 지금 진나라의 기세는 마치 대나무를 쪼개는 것[破竹之勢]과 같네. 대나무란 칼날로 위를 내려치기만 하면 그 다음부터는 저절로 쪼개지는 법이네. 그런데 이런 절호의 기회를 두고 어찌 물러난단 말인가."

두예는 곧바로 군사들을 재촉하여 오나라로 진격했습니다. 사기가 떨어진 오나라 군대는 진나라 군대가 지나가는 성읍마다 항복했습니다.

당시 오나라는 진나라 군대를 막기 위해 천심철쇄(千尋鐵鎖)라는 긴 쇠사슬을 연결해 장강을 가로막고 있었습니다. 하지만 왕준의 크고 강력한 전함들이 파죽지세로 이를 부수고 수도인 건업(建業)을 단숨에 함락시켰습니다.

오나라 황제 손호는 손을 뒤로 묶은 채 수레에 관을 싣고 와서 항복했습니다. 이로써 삼국 시대는 막을 내리고 진나라가 천하를 통일했습니다.

이 이야기에서 '대나무를 쪼개는 듯한 맹렬한 기세'라는 뜻의 파죽지세(破竹之勢)라는 말이 나왔습니다. 대나무는 목재 구조상 수평 조직이 없어 세로로 쉽게 쪼개집니다. 아무것도 막을 수 없을 정도의 강력한 기세를 비유하는 말로 쓰입니다.

비슷한 뜻의 한자성어

● **영인이해** 迎刃而解 | 맞이할 영, 칼날 인, 말이을 이, 풀 해
'칼날을 대기만 해도 쪼개진다'는 뜻으로, 주요한 문제를 해결하면 그와 관련된 다른 문제도 쉽게 해결할 수 있음을 이르는 말.

● **구천직하** 九天直下 | 아홉 구, 하늘 천, 곧을 직, 아래 하
'하늘에서 땅을 향하여 일직선으로 떨어진다'는 뜻으로, 굳세고 빠른 형세를 이르는 말.

● **일사천리** 一瀉千里 | 한 일, 쏟을 사, 일천 천, 마을 리(이)
'강물이 빨리 흘러 천 리를 간다'는 뜻으로, 일이 거침없이 빨리 진행됨을 이르는 말.

6장

비유로 말하라

故事成語

25 마음을 움직인 외교,
전면전을 막다

漁　父　之　利
어　　부　　지　　리

漁 고기잡을 어　父 아비 부　之 어조사 지　利 이로울 리(이)

전국 시대의 연(燕)나라는 진시황제가 천하를 통일할 때까지 살아
남은 일곱 나라인 전국칠웅 중 하나였습니다. 동으로는 조(趙)나
라, 남으로는 제(齊)나라와 국경을 맞대고 있었습니다.

연나라의 41대 군주인 소양왕(昭襄王)이 다스릴 때의 이야기입
니다.

그가 왕위에 오를 때 연나라의 형편은 말이 아니었습니다. 아버
지인 자쾌(子噲)는 향락을 일삼으며 국정을 돌보지 않은 데다 중국
전설 속의 성군인 요임금이 양위했던 것을 본받는다며 재상이었

던 자지(子之)에게 왕위를 넘겨주었습니다. 그는 권력을 손에 넣었지만 3년간 나라를 엉망으로 통치했습니다. 그래서 연나라는 큰 혼란에 빠졌고 민심은 떠났습니다. 태자 평(平)이 군사를 일으켜 자지에 대항했지만 내전이 몇 개월씩 계속되면서 수만 명이 죽어나갔습니다. 연나라는 완전히 무정부 상태가 되어버렸습니다.

이를 틈타 제나라가 기습공격을 하자 연나라는 쑥대밭이 되고 제나라의 속국 신세가 되고 말았습니다. 이 과정에서 자지도 태자도 죽고 자쾌도 스스로 목숨을 끊었습니다.

이런 상황에서 자쾌의 서자가 왕위를 잇게 되는데 그가 바로 소양왕입니다. 소양왕은 제나라에 복수를 다짐하고 현자 곽외(郭隗)를 대부로 삼고 그에게 지혜를 구했습니다.

"제나라의 기습공격으로 우리 연나라는 망하기 직전까지 갔습니다. 하지만 약소국이라 복수하기가 어렵습니다. 세상의 뛰어난 인재들을 영입하여 돌아가신 아버지의 치욕을 씻고 싶습니다."

그때 곽외는 이렇게 말했습니다.

"옛날 어떤 왕이 하루에 천 리를 달린다는 명마인 천리마를 갖고 싶어했지만 3년이 지나도록 구하지 못했습니다. 한 신하가 수소문 끝에 천리마를 찾았지만 이미 죽은 뒤라 500금을 주고 그 말의 뼈를 사왔습니다. 왕은 500금이나 주고 죽은 말의 뼈를 사왔다며 크게 화를 냈지요. 신하는 '죽은 말의 뼈도 500금이나 주고 사왔으니 살아 있는 말이야 더 말할 필요가 있겠습니까? 이제 곧 소식이 있을 것입니다'라고 말했습니다. 정말 1년이 못 되어 천리마를 세 마리나 구할 수 있었다고 합니다. 지금 왕께서 뛰어난 인재를 모으시려면 먼저 저에게 후한 대우를 해주십시오. 그러면 저보다 훨씬 유능한 인재들이 몰려들 것입니다."

소양왕은 곽외를 위해 새로 궁을 짓고 스승으로 모셨습니다. 이 소식을 듣고 여러 나라에서 많은 인재가 몰려들었습니다. 그중에 전국 시대를 대표하는 명장 중의 하나인 악의(樂毅)도 있었습니다. 이들에 힘입어 소양왕은 나라를 부강하게 만들 수 있었습니다.

소양왕이 곽외가 거느리는 주력부대를 파견해 제나라를 공격했을 때의 일입니다.

그해 연나라 전역에 큰 흉년이 들었습니다. 국방의 공백에다 흉년까지 든 연나라의 국내 상황을 보고 조나라 혜문왕이 연나라를 침공할 계획을 세웠습니다.

이 첩보가 연나라에 전해지자 크게 다급해진 소양왕은 이름난 유세가 소대(蘇代)를 찾았습니다. 소대는 당시 최강 진(秦)나라에 맞서는 다른 여섯 나라들의 생존전략으로 합종책을 주장했던 소진의 동생이었습니다.

소양왕은 소대에게 조나라 혜문왕을 설득해 전쟁을 막아달라고 부탁했습니다. 이에 소대는 혜문왕을 만나러 조나라로 떠났습니다. 연나라에서 조나라로 가려면 국경 지역에 있는 역수(易水)라는 강을 건너야 했습니다.

소대가 역수에 도착했을 때 강바닥엔 조개들이 많았고 이를 쪼아먹고 있는 물새 떼들이 장관을 이루고 있었습니다. 여유롭게 낚시하는 사람들도 보였습니다. 소대는 한참 동안 그 광경을 구경하다가 나룻배에 올랐습니다.

조나라에 도착해 혜문왕을 만난 소대가 입을 열었습니다.

"이곳으로 올 때 역수를 건너게 되었습니다. 그때 말조개 한 마리가 강변에서 커다란 입을 벌리고 햇볕을 쬐고 있더군요. 그런데 갑자기 도요새가 날아오더니 길고 뾰족한 부리로 조갯살을 콱 쪼았습니다. 깜짝 놀란 조개가 입을 오므려 도요새의 부리를 꽉 물었습니다. 당황한 도요새는 '빨리 놔라. 오늘도 내일도 비가 오지 않으면 너는 바짝 말라 죽을 거야'고 말하더군요. 조개는 지지 않고 '오늘도 내일도 내가 입을 벌려주지 않으면 너는 굶어죽게 될 것이다'라며 되받아쳤습니다. 둘이 그렇게 서로 버티던 사이에 마침 어부가 그 광경을 보더니 도요새와 말조개를 모두 잡아갔습니다."

소대는 어리둥절한 표정을 짓는 혜문왕을 보며 말을 이어갔습니다.

"지금 조나라가 연나라를 치려 한다는 이야기를 들었습니다. 만

약 그렇게 된다면 연나라도 호락호락하지 않을 겁니다. 전쟁이 장기전으로 진행되면 양국 백성들의 삶은 피폐해질 대로 피폐해지겠지요. 말조개와 도요새의 다툼처럼 말입니다. 바로 그때 저 강한 진나라가 어부처럼 나타나 두 나라를 집어삼켜버릴까 두렵습니다. 부디 심사숙고해주시기 바랍니다."

소대의 비유를 듣고 드디어 혜문왕의 마음이 움직였습니다.

"그대의 말이 옳소."

결국 혜문왕은 연나라 침공 계획을 포기했습니다.

어부지리(漁父之利) 이야기는 《전국책(戰國策)》 〈연책(燕策)〉에 나오는 것으로, 양자의 다툼으로 제3자가 이익을 얻는다는 의미로 쓰이고 있습니다.

연나라 소양왕은 화살 한 대 날리지 않고, 병졸 한 명 잃지 않고 전면전을 막아냈습니다. 빛나는 외교의 힘이었지요. 소대를 통해 상대방의 마음을 움직인 것이 빛을 발한 것입니다. 그것은 대단한 데 있는 것이 아니라 강가 풍경 같은 평범한 일상의 장면 하나도 흘려버리지 않고 의미를 찾아내는 일에서 시작됩니다.

비슷한 뜻의 한자성어

- **방휼지쟁** 蚌鷸之爭 ㅣ 방합 방, 도요새 휼, 어조사 지, 다툴 쟁
  '도요새가 조개와 다투다가 다 같이 어부에게 잡히고 말았다'는 뜻으로, 대립하는 두 세력이 다투다가 결국은 구경하는 다른 사람에게 득을 주는 싸움을 이르는 말.

- **견토지쟁** 犬兔之爭 ㅣ 개 견, 토끼 토, 어조자 지, 다툴 쟁
  '개와 토끼의 다툼, 즉 쓸데없는 다툼'이라는 뜻으로, 개와 토끼가 싸우는 틈을 이용해 제3자가 이익을 얻음을 말함.

26 요행은
두 번 오지 않는다

守 株 待 兎
수   주   대   토

守 지킬 수   株 그루터기 주   待 기다릴 대   兎 토끼 토

중국의 춘추전국 시대에는 끊임없이 전쟁이 이어졌습니다. 하늘의 덕을 상징하던 천자(天子) 시대는 가고 힘의 상징인 패자(覇者) 시대로 변한 것입니다. 하지만 극심한 혼란과 위기의 시대를 돌파하기 위해 다양한 철학 사상이 꽃피게 되었습니다. 제자백가가 탄생한 것도 이 시기입니다.

그중에 법으로 세상을 다스려야 한다고 주장한 사상가들을 법가(法家)라고 부릅니다. 이들은 인과 의, 도덕으로 세상을 다스리자는 유가(儒家) 사상에 반대했습니다. 세상은 생각보다 혼탁하며

인간은 그다지 믿을 수 있는 존재가 아니기 때문에 엄격한 법으로 통제해야 한다고 주장했습니다.

법가를 대표하는 사람이 바로 한비자(韓非子)입니다. 진시황은 한비자가 지은 〈오두(五蠹)〉와 〈고분(孤憤)〉을 읽고 이렇게 말했습니다.

"내가 죽기 전에 한비자를 만날 수 있다면 당장 죽어도 여한이 없겠다!"

다음은 '나무를 갉아먹는 좀벌레 다섯 종류'라는 뜻의 〈오두〉에 나오는 이야기로, 한비자는 다섯 부류의 인간들이 나라를 어지럽히는 좀벌레 같은 존재들이라고 설명합니다.

첫째는 선왕의 도를 칭송하며 인과 의를 말하나 말과 겉모습만 화려할 뿐 법을 어지럽히고 군주의 판단력을 흐리게 하는 유학자들, 둘째는 거짓말을 늘어놓고 외부의 힘을 빌려 자기 욕심을 채우려는 유세가들, 셋째는 칼을 들고 다니며 조직을 만들어 불법을 저지르는 협객들, 넷째는 권력자에 빌붙어 뇌물과 청탁을 일삼는 아첨꾼들, 다섯째는 불량품을 비싸게 팔아 이익을 챙기는 악덕 상공업자들입니다.

한비자는 군주가 이들을 제거하지 못하고 바르게 살려는 백성들을 힘들게 한다면 나라가 곧 멸망하거나 사라져버릴 것이라고 말했습니다.

이어 "지금 세상에 요임금·순임금·우임금·탕왕·무왕을 칭송하는 사람이 있다면 새로운 성인에게 비웃음을 살 것이다. 이런 이유로 성인은 옛것을 무조건 따르려 하지 않고, 예전의 관습이 옳다고 지금도 그대로 정해 지키지 않는다. 시대의 상황에 맞게 적절한 대비책을 마련한다"고 설명하며 현실에 맞는 정치를 펼칠 것을 주장했습니다.

〈오두〉에는 다음과 같은 이야기도 실려 있습니다.

"옛날 송(宋)나라에 어떤 농부가 있었다. 그의 밭 가운데에 나

무 그루터기가 있었는데, 어느 날 토끼 한 마리가 달아나다가 그루터기에 부딪혀 목이 꺾여 죽었다. 공짜로 토끼를 얻게 된 그는 그때부터 쟁기를 놓아두고 그루터기를 지키며 토끼가 다시 오기를 기다렸다. 하지만 농부는 토끼를 다시 얻을 수 없었고 사람들의 놀림거리만 될 뿐이었다. 예전에 훌륭했던 왕의 통치 방식대로 당대의 백성들을 다스리려고 한다면 송나라 농부가 그루터기를 지킨 것과 다를 바 없다."

비슷한 뜻의 한자성어

● **각주구검** 刻舟求劍 | 새길 각, 배 주, 구할 구, 칼 검
'배에서 칼을 물속에 떨어뜨리고 그 위치를 뱃전에 표시한다'는 뜻으로, 융통성 없이 현실에 맞지 않는 낡은 생각을 고집하는 어리석음을 이르는 말.

● **교주고슬** 膠柱鼓瑟 | 아교 교, 기둥 주, 북 고, 큰거문고 슬
'아교풀로 비파나 거문고의 기러기발(거문고, 가야금, 아쟁 따위의 줄을 고르는 기구로, 이것을 위아래로 움직여 줄의 소리를 고른다)을 붙여놓고 연주한다'는 뜻으로, 그렇게 연주하면 음조를 바꿀 수 없으니 고지식하여 조금도 융통성이 없음을 이르는 말.

한비자는 낡은 관습만을 고집하고 새로운 시대에 순응하지 못하는 것을 비판했습니다. 여기에서 그루터기를 지키며 토끼가 오기를 기다린다는 뜻의 수주대토(守株待兎)라는 말이 유래했습니다. 고지식하고 융통성이 없어 옛 관습을 고집하거나 노력 없이 요행만을 기대하는 것을 비유할 때 쓰는 말입니다.

백성은
나라의 근본

五 十 步 百 步

오 십 보 백 보

五 다섯 오   十 열 십   步 걸음 보   百 일백 백   步 걸음 보

맹자(孟子)가 살았던 전국 시대는 주나라 왕실이 이끌던 봉건 질서가 무너지고 일곱 제후국이 서로 다투던 약육강식의 시대였습니다. 사람들은 혼란한 사회에서 어떻게 살아갈 것인가, 어떻게 천하를 통일할 것인가에 대한 관심이 높았습니다.

그 결과 수많은 학파와 사상이 제자백가라는 형태로 등장했고, 그중 하나인 맹자는 공자의 중심사상인 인(仁)에 의(義)를 덧붙여 왕도정치(王道政治)를 주장한 유가 사상가였습니다.

당시 모든 나라의 왕들은 부국강병으로 천하의 패권을 잡는 것

을 목표로 삼고 있었습니다. 그것을 위해 백성들에게 가혹하게 세금을 거둬들이고 기회만 있으면 각종 공사와 전쟁을 일으켜 일꾼과 병사로 차출해 갔습니다.

맹자는 이러한 패도정치(覇道政治)를 일삼지 말고 백성이 나라의 근본이라는 생각을 가지고 사랑[仁]과 정의[義]를 실천하는 왕도정치를 해야 한다고 주장했습니다. "왕의 권력은 백성이 부여하는 것"이라는 그의 주장은 당시 시대 상황을 감안할 때 매우 혁명적인 사상이었습니다.

맹자는 자신의 사상을 펼칠 곳을 찾아나섰습니다. 그는 처음에 양(梁)나라 혜왕(惠王)을 찾아갔습니다.

혜왕은 원래 위(魏)나라의 3대 군주로, 위나라가 전성기일 때 왕위에 올랐습니다. 그러나 혜왕이 여러 차례 전쟁을 벌여 계속 패전하는 바람에 강대국이었던 위나라의 국력은 날로 쇠약해져갔습니다. 그러다 진(秦)나라에 하서 땅을 빼앗긴 후 수도를 대량(大梁)으로 옮기고 나라 이름을 양나라로 바꾸는 굴욕을 당했습니다.

그런 상황에서 맹자가 찾아오자 혜왕은 대뜸 "선생이 천 리를 멀다 하지 않고 찾아오셨으니 우리나라에 무슨 이익이 될 계책을 갖고 있으신가요?"라고 물었습니다.

하지만 맹자는 "왜 하필이면 이익입니까? 인과 의를 말해야지요"라고 대답했습니다.

며칠 후 다시 맹자를 만난 혜왕은 이렇게 물었습니다.

"나는 나라를 잘 다스리는 데 온 마음을 다하고 있습니다. 예를 들어 하내 지방에 흉년이 들면 그곳 백성을 하동 지방으로 긴급히 이주시켜 살게 하고, 곡식을 하내로 옮겨 움직이지 못하는 늙은이와 병자, 어린아이들을 살립니다. 만약 하동에 흉년이 들어도 그런 식으로 정책을 실시합니다. 제가 이웃 나라의 정치를 살펴보니 저처럼 이렇게 마음 쓰는 왕이 한 사람도 없더군요. 그런데 왜 이웃 나라의 인구가 더 줄지 않고 우리나라의 인구 또한 더 늘지 않을까요?"

지금도 그렇지만 당시에도 인구는 국력에 비례했습니다. 인구가 많아야 세금도 더 많이 거두고 군대도 더 많이 모을 수 있기 때문이었습니다. 그리고 당시에는 국가와 국경의 개념이 명확하지 않았기에 사람들은 더 살기 좋은 나라로 자유롭게 옮겨 다닐 수 있었습니다.

맹자가 대답했습니다.

"왕께서 그렇게 좋아하시는 전쟁으로 한번 비유해보겠습니다. 진격을 명령하는 북소리가 울리고 군사들은 칼날을 부딪치며 치열한 전투가 시작되었습니다. 그런데 겁에 질려 갑옷을 벗어던지고 무기를 질질 끌며 도망치는 군사들이 있었습니다. 그중 하나

는 100보를 도망간 후에 멈춰 섰고, 또 하나는 50보를 도망간 후에 멈춰 섰습니다. 이때 50보를 도망갔던 자가 100보를 도망갔던 자를 보고 조롱하며 비웃었습니다. 자, 이에 대해 어떻게 생각하십니까?"

혜왕은 "말도 안 됩니다. 다만 100보가 아닐 뿐이지, 50보도 도망한 건 마찬가지입니다"라고 대답했습니다.

이에 맹자가 말했습니다.

"그걸 아신다면, 백성들이 이웃 나라보다 많아지길 바라서는 안 되지요. 왕께서 이웃 나라보다 아무리 정치를 잘한다고 생각해도 그건 50보와 100보이 차이일 뿐입니다. 그 정도로는 백성들이 국경을 넘어오지 않습니다."

맹자는 양 혜왕의 이주정책이 겉으론 좋아 보이나 진정으로 백성을 위한 것이 아니라 더 강한 군대를 만들어 전쟁에서 이기는 데 목적이 있을 뿐이라고 본 것입니다. 그런 의미에서 양 혜왕이나 이웃 나라 왕들이나 본질에서는 차이가 없다는 논리였습니다.

맹자는 말을 이어갔습니다.

"백성들이 각종 노역이나 군역으로 농사를 짓는 시기를 놓치지 않는다면 곡식은 먹기에 부족함이 없을 것입니다. 촘촘한 그물로 새끼까지 다 잡아들이지 않는다면 물고기와 자라 또한 풍족히 먹을 수 있을 것입니다. 그리고 함부로 벌목하지 못하게 한다면 재목도 사용하기에 부족함이 없을 것입니다. 먹을 곡식과 물고기가, 재목으로 쓸 나무가 사용하기에 충분하면 백성은 부모를 잘 봉양할 수 있게 되고 예법에 따라 장례를 치르는 데 원한이 없어질 것입니다. 이처럼 백성에게 기본적 욕구와 권리를 보장해주는 것이 바로 왕도정치의 시작입니다.

개나 돼지는 먹을 것이 있는데 길거리에서 굶어죽는 사람이 생겨도 '국가의 곡식 창고를 열지 않는 것은 나의 탓이 아니라 올해 흉년이 들어서'라고 말하면 안 됩니다. 마치 사람을 칼로 찔러 죽여놓고는 '내가 죽인 것이 아니라 이 칼이 죽인 것이다'라고 말하는 것과 다를 게 없습니다. 만약 왕께서 사람이 굶어죽었는데 흉년 핑계를 대지 않고 모두 나의 책임이라고 생각한다면 천하의 백성이 모두 위나라로 모여들 것입니다."

　이 이야기에서 유래된 오십보백보(五十步百步)는 본질적인 차이가 없다는 뜻으로 쓰이고 있습니다.

비 슷 한 뜻 의 한 자 성 어

- **대동소이** 大同小異 | 클 대, 한가지 동, 작을 소, 다를 이
  큰 차이 없이 거의 같음을 뜻함.

- **피장부아장부** 彼丈夫我丈夫 | 저 피, 어른 장, 지아비 부, 나 아, 어른 장, 지아비 부
  '그가 장부라면 나도 장부'라는 뜻으로, 별 차이 없이 서로 맞설 수 있음을 이르는 말.

28 비논리의 논리

矛 盾

모   순

矛 창 모   盾 방패 순

전국 시대 말기의 사상가 한비자는 한(韓)나라 왕족 출신으로 법가 사상을 집대성한 인물입니다(법가 사상에 대해서는 앞의 '26. 수주대토' 참조).

그는 어린 시절부터 말을 더듬어 말재주는 없었으나 도가·유가·묵가 등 여러 사상에 두루 조예가 깊었습니다. 그는 세상이 경제적인 원인으로 늘 변화되기 때문에 예전에 좋았던 정책이라고 해서 지금도 좋은 것은 아니라고 보았습니다.

그래서 군주는 현재 실정에 맞는 법을 제정하고, 관리들의 태도를 잘 파악하여 상과 벌을 엄정하게 내리며, 농민과 병사를 아끼고, 상공업을 장악해야 한다고 주장했습니다. 이런 면에서 한비자는 유가사상이 과거의 좋았던 시대를 동경하고 덕치주의를 주장하는 것이 불합리하다고 비판한 사상가였습니다.

그가 유가사상을 비판하면서 이렇게 말했습니다.

"유가에서는 요(堯)임금과 순(舜)임금을 성인으로 떠받드는데 이치에 맞지 않습니다. 요임금이 성인(聖人)이라면 그가 모든 걸 빈틈없이 똑똑히 잘 살피며 통치했을 것입니다. 그랬다면 세상에 간사함이 사라졌을 것이고, 농사짓고 고기 잡을 때 다툴 일도 없었을 것이며, 질그릇도 불량품이 생산되지 않았을 테지요. 그렇다면 요임금의 뒤를 이은 순임금이 덕을 베풀 일이 있었겠습니까? 만약 순임금이 덕으로 세상을 교화시켜 분쟁이 해결되었다면 요임금의 정치에 잘못이 있었다는 것 아니겠습니까? 순임금을 성인이라고 부른다면 요임금의 통치를 부정해야 하고, 요임금을 성인이라고 부른다면 순임금이 덕으로 교화시킨 것을 부정할 수밖에 없습니다."

그러면서 그는 다음과 같은 일화를 예로 들었습니다.

"초(楚)나라에 어떤 무기상이 있었습니다. 하루는 이 무기상이 창과 방패를 가지고 나와서 팔려고 사람들을 불러 모았습니다. 그는 사람들이 모여들자 먼저 방패를 흔들어 보이며 성능을 자랑했습니다.

'전란이 끊이지 않는 이 시대에 살아남으려면 무엇이 필요하겠습니까? 바로 방패 아닌가요? 이 방패를 사 가십시오. 이게 얼마나 단단한지 아십니까? 세상의 그 어떤 것도 이 방패를 뚫을 수 없습니다.'

흥이 오른 무기상이 이번에는 창을 치켜들며 자랑했습니다.

'이 창은 또 얼마나 예리한지 세상에서 가장 튼튼한 방패도 뚫을 수 있습니다.'

이야기를 듣고 있던 구경꾼들 중 한 사람이 물었습니다.

'그렇다면 당신의 그 창으로 당신의 그 방패를 찌르면 어떻게 되는 거요?'

그러자 그 무기상은 아무 말도 하지 못했습니다.

절대 뚫리지 않는 방패와 못 뚫는 것이 없는 창은 같이 존재할 수 없습니다. 이렇듯 요임금과 순임금을 같이 기리는 것은 초나라 무기상이 선전했던 방패와 창을 모두 팔려는 것과 같습니다.

한비자가 들려준 초나라 무기 판매상의 비논리적인 상술 이야기에서 모순(矛盾)이란 말이 나왔습니다. '말의 앞뒤가 맞지 않거나 둘 이상의 논리가 서로 일치하지 않는 것'을 이를 때 쓰입니다.

비 슷 한 뜻 의 한 자 성 어

● **자승자박** 自繩自縛 | 스스로 자, 노끈 승, 스스로 자, 묶을 박
'자신의 줄로 자기 몸을 묶는다'는 뜻으로, 자기가 한 말과 행동에 자기 자신이 얽혀 곤란하게 됨을 이르는 말.

● **이율배반** 二律背反 | 두 이, 법칙 률(율), 등 배, 돌이킬 반
양쪽 모두 동등한 근거가 성립하여 양립할 수 없는 두 개의 명제를 이르는 말.

남의 힘을
등에 업다

狐 假 虎 威
호 가 호 위

狐 여우 호　假 빌릴 가　虎 범 호　威 위엄 위

전국 시대의 일입니다. 남쪽 지역의 강대국 초(楚)나라 제35대 군
주 선왕(宣王)은 정복전쟁을 통해 중원에 위세를 떨쳤습니다. 그
밑에서 벼슬을 하던 사람 중에 위(魏)나라 출신 강을(江乙)이라는
자가 있었습니다. 강을은 유세가로 모략과 술수에 능한 사람이었
습니다.

당시 초나라는 삼려(三閭)라고 불리는 소(昭)·굴(屈)·경(景)씨
세 집안의 세도가가 권력을 쥐고 있었습니다. 그중 소씨 가문의 소
해휼(昭奚恤)이 초나라의 재상이 되어 선왕의 총애를 받으며 정치

와 군대를 총괄하고 있었습니다. 대신들은 권력이 소해휼에게 집중되자 그를 싫어했습니다. 강을도 소해휼의 권력을 어떻게 하면 막을까 고민하고 있었습니다.

사실, 소해휼은 지략이 뛰어나거나 특별히 용맹한 인물이 아니었습니다. 그런데도 북방의 나라들이 소해휼을 두려워한다는 소문이 들리자, 그를 총애하던 선왕도 심기가 편치 않았습니다.

어느 날, 선왕이 조회 때 신하들에게 물었습니다.

"위나라를 비롯해 북방에 있는 모든 나라가 소해휼을 두려워하고 있다는 게 사실이오?"

다들 선왕의 분노를 살까 두려워하여 선뜻 말하지 못했지만 강을이 나서서 말문을 열었습니다.

"그렇지 않습니다. 북방의 제국들이 어찌 한낱 재상 따위를 두려워하겠습니까. 제가 한 가지 이야기를 들려드리겠습니다. 어느 숲속의 호랑이가 온갖 짐승들을 잡아먹으며 살고 있었는데, 어느 날 여우를 잡게 되었습니다. 호랑이가 여우를 먹으려고 하자 꾀 많은 여우가 말했습니다.

'너는 감히 나를 잡아먹을 수 없다. 나는 옥황상제께서 모든 짐승을 다스리라고 보내신 사신이다. 만약 지금 네가 나를 잡아먹는다면 이는 옥황상제의 명령을 어기는 것이 된다. 혹시 내 말을 믿지 못하겠으면 내 뒤를 따라오너라. 나를 보고 모든 짐승이 두려

워 달아나는 것을 볼 수 있을 것이다.'

여우의 속임수에 넘어간 호랑이가 여우의 뒤를 따라갔습니다. 숲으로 들어가자 정말 모든 짐승이 보자마자 혼비백산하여 달아났습니다. 호랑이는 짐승들이 자기를 보고 두려워 달아난 것인지도 모르고 여우의 말이 사실이라고 믿었던 것입니다.

지금 왕께서는 5000리나 되는 넓은 영토와 초나라의 강력한 백만 대군을 소해휼에게 모두 맡기고 계십니다. 북방의 나라들은 사실 소해휼이 아니라 배후에 있는 왕과 왕의 강한 군대를 두려워하는 것입니다. 마치 온갖 짐승들이 여우가 아니라 뒤에 있는 호랑이를 두려워했듯이 말입니다."

이처럼 아첨을 잘하는 모사꾼인 강을이 소해휼을 깎아내린 이유는 왕족이자 명재상인 소해휼이 자신의 경계 대상이자 눈엣가

시 같았기 때문입니다.

　강을이 선왕에게 들려준 여우의 우화에서 유래된 '여우가 호랑이의 위세를 빌리다'라는 뜻의 호가호위(狐假虎威)는 남의 힘을 등에 업고 위세를 부리는 것을 비유할 때 쓰입니다.

비 슷 한 　뜻 의 　한 자 성 어

● **매세 賣勢** | 팔 매, 형세 세
　남의 세력을 의지하여 자기가 잘난 체하고 호기를 부림.

● **자세 藉勢** | 깔개 자, 형세 세
　어떤 권력이나 세력 또는 특수한 조건을 믿고 세도를 부림.

● **협세 挾勢** | 낄 협, 형세 세
　남의 위세를 믿고 의지함.

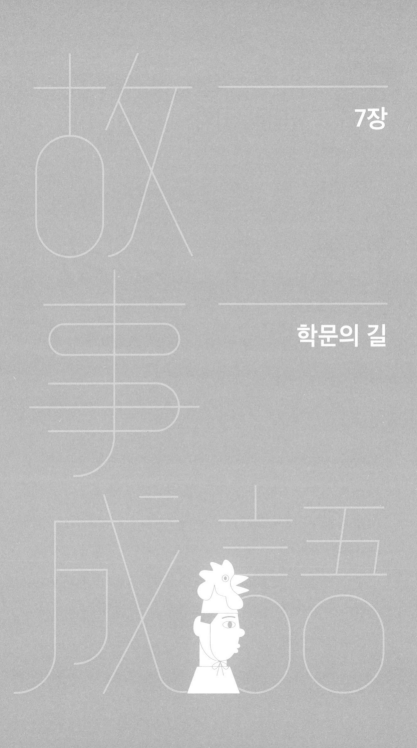

7장

학문의 길

30 가난한 환경을 극복하는 지혜

螢雪之功
형   설   지   공

螢 반디 형 雪 눈 설 之 어조사 지 功 공로 공

한나라 때 손경(孫敬)은 공부를 좋아한 사람이었습니다. 그는 버드나무 가지를 깎아 나무 책을 만들어 경전을 베꼈습니다. 늘 새벽 일찍 일어나 쉬지 않고 책을 읽었습니다. 만약 졸음이 몰려와 침상에 눕고 싶을 때면 끈을 목에 묶어 대들보에 매달아놓고 공부했다고 합니다.

　전국 시대의 유명한 유세가 소진(蘇秦)도 잠이 오면 송곳으로 자신의 넓적다리를 찔러가며 공부했습니다. 그럴 때면 피가 흘러서 발을 흠뻑 적실 정도였다고 합니다. 이 고사에서 현두자고(懸頭

202

刺股)라는 말이 유래했습니다.

열악한 환경과 가난을 극복하고 열심히 공부해서 모범을 보인 사람들 중에 차윤(車胤)과 손강(孫康)을 빼놓을 수 없습니다.

동진(東晉) 출신의 차윤은 어릴 때부터 부지런하고 책 읽기를 좋아했습니다. 하지만 가정 형편이 어려워 등불 기름을 살 여유가 없었습니다. 그래서 낮에 시간을 쪼개 시문을 외워야 했습니다.

어느 여름날 밤, 차윤이 마당에서 글을 외우고 있었습니다. 그때 그의 눈에 많은 반딧불이 날고 있는 것이 보였습니다. 반짝반짝 빛나는 점들이 어둠 속에서도 눈부셨습니다.

그는 많은 반딧불이를 모으면 등불을 대신할 수 있겠다는 생각이 떠올랐습니다. 그래서 하얀 비단 주머니에 반딧불이 수십 마리를 잡아넣고 입구를 묶어 매달았습니다. 그다지 밝지는 않았지만 겨우 책을 읽을 만했습니다. 이때부터 반딧불이만 있으면 한 움큼씩 잡아 등불로 삼았습니다.

이것이 지금의 형광등(螢光燈 반디 형, 빛 광, 등불 등)의 원조였던 셈입니다. 형광등은 이름 그대로 형광물질을 사용해 빛을 냅니다. 형광이라는 말이 바로 반딧불이가 내는 빛이란 뜻입니다.

그런 노력으로 차윤은 현재의 행정부 장관 격인 이부상서에 오르고 나중에는 총리인 상서랑까지 승진했습니다.

    손강은 차윤과 비슷한 시기의 사람으로, 마음이 청렴하고 책 읽기를 좋아했습니다. 하지만 그 역시 집이 가난해 등불 기름을 살 돈이 없었습니다.

    어느 날 한밤중에 손강은 잠에서 깼습니다. 창문 쪽으로 머리를 기울여보니 창문 틈으로 한 줄기 환한 빛이 새어 들어오는 것을 발견했습니다. 알고 보니 그것은 온 땅을 뒤덮은 새하얀 눈에 비친 빛이었습니다. 그는 그것을 이용하면 밤에도 책을 볼 수 있다는 것을 깨달았습니다.

    이에 게을러지려던 마음을 다잡고 곧 옷을 챙겨 입고 책을 꺼내어 집 밖으로 나갔습니다. 넓은 대지에 비친 눈빛 덕분에 바깥은 집 안보다 훨씬 더 밝았습니다. 손강은 마음이 기쁜 나머지 추위에도 아랑곳하지 않고 책을 읽었습니다. 그러다 손과 다리가 얼어가자 일어나 뛰고 손가락을 비비며 몸에 열을 내었습니다.

이후 눈 내린 밤이면 기회를 놓치지 않고 열심히 공부했습니다. 이런 정신력을 바탕으로 그는 큰 선비가 되었습니다. 그 결과 벼슬이 지금의 감사원장에 해당하는 어사대부에까지 올랐습니다.

반딧불이를 이용해 공부한 차윤과 눈빛 아래서 책을 읽은 손강의 이야기를 합쳐 형설지공(螢雪之功)이라고 합니다.

비 슷 한   뜻 의   한 자 성 어

● **현두자고** 懸頭刺股 | 매달 현, 머리 두, 찌를 자, 넓적다리 고
'상투를 천장에 달아매고 송곳으로 넓적다리를 찔러서 잠을 깨운다'는 뜻으로, 매우 열심히 공부함을 이르는 말.

● **형창설안** 螢窓雪案 | 반딧불이 형, 창 창, 눈 설, 책상 안
'반딧불이 비치는 창과 눈에 비치는 책상'이라는 뜻으로, 어려운 가운데서도 학문에 힘씀을 말함.

31 노력은
배신하지 않는다

刮 目 相 對
괄   목   상   대

刮 비빌 괄   **目** 눈 목   **相** 서로 상   **對** 대할 대

삼국 시대 오(吳)나라의 명장이었던 여몽(呂蒙)은 가난한 어린 시절을 보냈습니다. 십대 때부터 군대에 들어가 여러 전투에서 용맹을 떨치면서 점차 명성이 높아져 동오(東吳)의 1대 황제 손권(孫權)의 부하 장수가 되었습니다.

손권은 유명한 적벽대전에서 위(魏)나라 조조의 80만 대군을 격파한 지략가로, 여몽의 비범함을 알아보고 자신의 측근으로 삼았습니다.

많은 전공을 쌓은 여몽은 그를 당할 자가 없을 정도로 무예가

뛰어났지만 어려운 가정형편으로 글 공부를 하지 못해 학문적 면모가 부족했습니다. 그래서 황제에게 보고할 일이 있으면 글로 올리지 못하고 일일이 말로 설명해야 했습니다. 오나라 땅의 어리석은 아몽[吳下阿蒙]이라고 놀림을 받을 정도였습니다.

손권은 여몽이 요직을 맡고 있는 만큼 책을 읽어 지식을 얻으라고 권유했습니다. 이때 여몽은 시큰둥한 반응을 보이며 대답했습니다.

"장수가 전투만 잘하면 되지 굳이 글을 알아야 하는지 모르겠습니다. 게다가 군대에 관한 업무로도 감당하기 어려울 지경이라 책 읽을 겨를이 없습니다."

이러한 여몽의 태도에 손권이 훈계했습니다.

"글을 읽고 큰 박사가 되라는 뜻이 아니오. 그저 옛일을 두루 공부해 지혜를 얻길 바랄 뿐이오. 그리고 일이 많아 겨를이 없다고 하는데 어디 나만 하겠소? 나는 어린 시절 《시경》, 《서경》, 《예기》, 《춘추좌씨전》, 《춘추외전》을 공부했소. 이제 남은 건 《역경》뿐이오. 일찍 돌아가신 형 손책의 뒤를 이은 후로도 《사기》, 《한서》, 《동관한기》와 여러 병법서를 살펴본 것이 많은 도움이 되었소. 자네는 머리가 좋아 일단 시작하면 빠르게 익힐 것 같은데 왜 하지 않는 것이오? 병법서와 역사서들부터 읽으시오. 공자께서도 '종일 먹지도, 자지도 않고 생각해봤으나 별 유익이 없고 배우는 것보다 못하다' 했소. 후한의 시조 광무제는 군무를 보면서도 손에서 책을 놓는 법이 없었고, 위나라의 승상 조조 역시 늙어서도 배우기를 좋아한다고 하지 않소. 그런데 그대는 왜 노력을 안 하는 것이오?"

여몽은 이 말을 듣고 감화를 받아 학문에 매진했습니다. 전쟁터에서도 책을 손에서 놓지 않고 밤낮 쉬지 않고 공부하여[手不釋卷] 옛 학자들보다도 더 많은 책을 읽었습니다.

고사성어 속 고사성어

수불석권 手不釋卷 | 손 수, 아닐 불, 풀 석, 책 권
'손에서 책을 놓지 아니하고 늘 글을 읽음'이라는 뜻으로, 여몽이 독서에 열중한 이야기에서 유래함.

한편, 오나라 군대 최고 지휘관 대도독 주유(周瑜)가 죽은 후 그 지위를 이어받게 된 노숙(魯肅)은 육구로 가던 중 수하에게 이런 이야기를 들었습니다.

"심양의 현령 여몽의 명성이 나날이 높아지고 있으니 예전처럼 그를 대하면 안 됩니다. 반드시 여몽에게 들렀다 가십시오."

노숙은 그 말대로 여몽을 찾아갔습니다. 둘이 만나서 한창 술을 마시고 있는데 여몽이 노숙에게 물었습니다.

"장군은 중임을 맡아 촉나라의 관우(關羽)와 대적하게 되는데 어떤 계책을 세우셨습니까?"

노숙이 당황해하며 "그때그때 적절히 대응할 것이오"라고 답했습니다. 이에 여몽은 "지금 유비의 촉나라와 우리 오나라가 동맹 관계라 하더라도 관우는 실로 곰과 호랑이 같은 자입니다. 어찌 미리 대비하지 않을 수 있겠습니까?"라며 몇 가지 구체적인 방책을 제시했습니다.

노숙은 예전엔 여몽을 그저 용맹하지만 학식이 없는 인물로 여겨 무시했었습니다. 그런데 지금 삼국의 정세와 형주에 주둔 중인 촉의 명장 관우에 대한 대책까지 내놓는 여몽의 지략을 보고 감탄하지 않을 수 없었습니다.

노숙이 그의 등을 두드리며 말했습니다.

"나는 이제껏 아우가 무예만 뛰어날 뿐이라고 생각했다네. 그런데 이제 보니 학식도 뛰어나구려. 예전과는 완전히 달라졌어."

그러자 여몽은 "선비는 헤어진 지 사흘이면 눈을 비비고 다시 보아야 합니다"[刮目相對]라고 대답했습니다.

이처럼 여몽은 문무를 겸비한 장수가 되어 적벽대전에서 조조의 위나라를 대파하는 데 크게 기여합니다. 당시 오나라의 최고 현안은 형주 땅을 손에 넣는 것이었습니다. 하지만 적벽대전 이후 유비가 먼저 형주를 차지했고 범 같은 관우가 성을 지키고 있으니 형주를 공격할 방법이 달리 없었습니다.

학식이 풍부해진 여몽은 이때 지략을 발휘합니다. 병을 핑계로 사직한 후 다른 사람에게 자신의 임무를 대신하게 하고 촉나라를 칭송하는 서찰과 예물을 보내 관우와 우호 관계를 맺었습니다. 여몽의 계책을 모르는 관우는 조조의 땅인 번성을 공격해 적장 우금의 항복을 받았고, 3만 명의 병사를 포로로 잡았습니다. 그런데 포로가 많아 식량이 부족해지자 오나라 땅에서 식량을 마음대로 가져갔습니다.

여몽은 이것을 빌미로 관우를 공격했습니다. 오나라 수군을 상인으로 변장시킨 뒤 형주성의 봉화대를 점령하고, 수비군을 매수

해 성문을 열게 하여 형주를 습격해 빼앗았습니다. 여몽은 형주성에 들어가 관우와 그 군대의 가족들을 잘 돌보고 대접했으며 자신의 병사들에게 민가의 물건을 가져가거나 민간에 해를 끼치면 군법으로 다스리도록 명령했습니다. 같은 고향 출신의 병사가 민가에서 삿갓을 하나 가져가자 여몽은 눈물을 흘리며 군법에 따라 그를 참수했습니다. 그 후 군사들은 형주 땅에서는 길에 떨어진 것조차도 줍지 않았습니다. 나아가 형주성의 노인과 병자, 굶주린 자들을 지성으로 돌보았습니다.

이런 심리전을 펼치자 관우의 병사들은 오나라와 싸울 의지를 잃고 대거 병영을 이탈해 가족에게 가버렸습니다. 그 결과 관우는 아들 관평과 함께 사로잡혀 죽임을 당했습니다. 여몽은 뛰어난 지략으로 천하의 관우를 꺾고 중요한 거점 도시인 형주를 빼앗아 오나라의 오랜 숙원을 해결했습니다.

이후 여몽은 노숙을 이어 대도독이 되었습니다.《삼국지》를 통틀어 사병에서 최고사령관까지 올라간 사람은 여몽이 유일합니다. 손권도 다음과 같은 말로 여몽을 높이 평가했습니다.

"나이가 들어도 자기 수양에 힘써 발전을 도모하는 것은 아마 여몽을 따라갈 자가 없을 것이다. 그는 부귀와 명성이 높으면서도 마음을 고쳐먹고 학문에도 뜻을 두어 많은 책을 읽었다. 재물을 하찮게 여기고 의를 숭상하여 모범을 보인 뛰어난 선비가 되었으니 얼마나 훌륭한가!"

《삼국지》에 나오는 이 이야기에서 괄목상대(刮目相大)란 말이 유래되었습니다. '눈을 비비고 다시 보며 대한다'는 뜻으로 사람의 학식이나 재주가 놀랄 만큼 늘었다는 의미로 쓰입니다.

비 슷 한 뜻 의 한 자 성 어

● 괄목상간 刮目相看 | 비빌 괄, 눈 목, 서로 상, 볼 간
'눈을 비비고 상대를 본다'는 뜻으로, 학문이나 실력이 눈에 띄게 성장하여 새로운 안목으로 대함을 이르는 말.

32

하나로
통합되는 진리

多 岐 亡 羊
다 기 망 양

多 많을 다   岐 갈림길 기   亡 달아날 망   羊 양 양

중국 춘추전국 시대 사상가들 중 묵자(墨子)와 양자(楊子)는 극단
적인 이타주의와 이기주의로 평가됩니다.

묵자는 "세상을 이롭게 하는 일이라면 자신의 이마를 갈고 발
뒤꿈치를 잘라내서라도 동참하겠다"고 말했습니다. 반면에 양자
는 "내 몸에서 한 올의 털만 뽑으면 세상이 이롭게 된다 해도 그렇
게 하지 않을 것이다[一毛不拔]. 내가 그렇게 하지 않아도 세상은
잘 다스려질 것이다"라는 주장을 폈습니다.

일모불발 一毛不拔 | 하나 일, 털 모, 아닐 불, 뽑을 발

'털 한 올이라도 남을 위하여 뽑지 않는다'는 뜻으로, 몹시 인색하고 이기적이라는 의미로 쓰임.

어느 날, 묵자의 후계자인 금활리(禽滑厘)가 양자를 찾아와 물었습니다.

"선생님 몸에서 털 한 올만 뽑으면 온 세상을 도울 수 있다고 한다면 그렇게 하시겠습니까?"

양자가 대답했습니다.

"세상이란 털 한 올로 도울 수 있는 것이 아니다."

금활리가 재차 물었습니다.

"만약 정말 도울 수 있다면 그렇게 하시겠습니까?"

양자는 대답하지 않았습니다. 금활리는 물러나와서 양자의 제자인 맹손양(孟孫陽)에게 그 일을 이야기하면서 말했습니다.

"그대의 스승이 내 질문에 말문이 막혀 대답하지 못하시더군요."

맹손양이 대답했습니다.

"내가 스승님의 마음을 대신 전해드리죠. 하나 묻겠습니다. 당신의 피부에 상처를 내서 만금(萬金)을 얻을 수 있다면 그렇게 하

시겠습니까?"

"그렇게 하지요."

망설임 없이 대답하는 금활리에게 맹손양이 다시 질문했습니다.

"당신의 몸 관절을 잘라 한 나라를 얻을 수 있다면 그렇게 하시 겠습니까?"

금활리는 대답하지 못하고 머뭇거렸습니다.

그러자 맹손양이 다시 말했습니다.

"분명 한 올의 털은 살갗보다, 살갗은 몸 관절보다 미미합니다. 하지만 털이 한 올 한 올 모여 피부를 이루고, 피부가 모여 몸 관절 을 이룹니다. 한 올의 털이라도 몸을 이루는 한 부분입니다. 그러 니 어찌 이것을 가벼이 여기겠습니까?"

이 이야기에서 일모불발(一毛不拔)이라는 고사성어가 나왔습 니다.

이처럼 양자는 극단적 이기주의자로 비판을 받지만, 달리 생각 하면 그가 개인의 희생을 강요하지 않고도 잘 다스려지는 세상을 추구했다고 볼 수 있습니다. 양자는 천하가 혼란하던 춘추전국 시 대에 진리를 찾으려 치열하게 노력한 사상가들 중 한 사람이었습 니다. 다음 이야기는 그런 그의 고뇌가 잘 드러나 있습니다.

어느 날, 양자의 이웃집에서 기르던 양 한 마리가 달아났습니다.

이웃집 사람은 자기 집 하인들을 다 양을 찾으러 내보내고 양자에게도 찾아와 사람을 좀 보내달라고 부탁했습니다. 그러자 양자가 물었습니다.

"도대체 양 한 마리를 찾는 데 왜 그렇게 많은 사람을 내보내시오?"

이웃 사람이 대답했습니다.

"양이 하필이면 갈림길이 많은 쪽으로 달아나서 그렇습니다."

얼마 후 하인들이 모두 지쳐서 돌아오자 양자가 양을 찾았는지 물었습니다. 하인들이 일의 자초지종을 설명했습니다.

"쫓아가봤지만 갈림길이 하도 많아서 양이 어디로 달아났는지 도무지 알 수 없었습니다. 그래서 찾는 걸 포기하고 되돌아오고 말았습니다."

하인의 말을 들은 양자는 낯빛이 어두워졌습니다. 그 후 종일 아무 말도 하지 않고 웃는 표정조차 짓지 않았습니다. 제자들은 겨우 양 한 마리를 잃은 일이요, 더구나 자기 양도 아닌데 왜 그렇게 상심하는지 그 까닭을 물었지만 양자는 아무런 대답을 하지 않았습니다.

제자 맹손양이 하도 답답해 선배 심도자(心都子)를 찾아가 그간의 일들을 말했습니다. 그러자 양자의 의중을 알아차린 심도자가

말했습니다.

"큰길에서는 갈림길이 많아 양을 잃어버렸듯이, 학문하는 사람들도 여러 갈래로 배우기 때문에 학문의 본성을 잃는다네. 원래 학문의 근본은 하나지만 끝으로 오면서 이렇게 여러 갈래로 갈라지고 말았지. 스승님은 하나의 근본으로 돌아가지 못하는 세상을 안타까워하신 것일세. 양을 잃어버린 일을 계기로 학문을 닦는 것도 근본을 잃어버릴 수 있음을 경계하신 것이지."

'갈림길이 많아 양을 잃는다'는 뜻의 다기망양(多岐亡羊)이라는 말은 학문의 길이 여러 갈래라 진리를 찾기 힘들다는 의미로 쓰입니다.

비슷한 뜻의 한자성어

- 망양지탄 亡羊之歎 | 망할 망, 양 양, 어조사 지, 탄식할 탄
  '갈림길이 많아 잃어버린 양을 찾을 길이 없음을 탄식한다'는 뜻으로, 학문의 길이 여러 갈래여서 한 갈래의 진리도 얻기 어려움을 이르는 말.

- 기로망양 岐路亡羊 | 갈림길 기, 길 로(노), 망할 망, 양 양
  '여러 갈래 길에서 양을 잃는다'는 뜻으로, 두루 섭렵하기만 하고 전공하는 바가 없어 끝내 성취하지 못함을 이르는 말.

33 배움을 멈출 수 없는 이유

青 出 於 藍
청 출 어 람

靑 푸를 청　出 날 출　於 어조사 어　藍 쪽 람(남)

순자(荀子)는 중국 전국 시대 말기 조(趙)나라 출신의 사상가입니다. 그가 살던 때는 여러 나라가 대립하던 혼란기여서 부국강병을 추구한 법가사상이 가장 큰 영향력을 발휘하고 있었습니다.

　그런 사회상에서 순자는 자신을 유가로 자처했지만 다른 학파의 주장도 비판적으로 종합해 수용한 철학자였습니다. 특히 학문의 전수와 보급에 크게 공헌한 교육사상가로 평가받고 있습니다. 제자백가 사상가들 중 그 누구보다 교육을 중시했고 자기 철학의 근본 개념으로 삼았습니다. 그의 철학은 32편 20권으로 된 《순자》

에 잘 드러나 있습니다.

《순자》의 첫 장인 〈권학편(勸學篇)〉은 이렇게 시작됩니다.

"군자가 말하길, 배우기를 그치는 것은 옳지 않다. 푸른색 물감은 쪽(염색에 쓰이는 풀)에서 취한 것이나 쪽보다 더 푸르고[靑出於藍] 얼음은 물이 얼어서 된 것이지만 물보다 더 차갑다.

목재가 곧아서 먹줄의 곡선에 들어맞더라도 열을 가해 휘어서 수레바퀴를 만들면 그 곡선이 그림쇠로 그은 모양과 일치한다. 그런 뒤에는 비록 또 열을 가하여 두들기고 햇볕에 쬐어 말린다 해도 다시는 곧아지지 않는다. 이것은 이미 휘어진 모양으로 굳어졌기 때문이다. 마찬가지로 목재가 먹줄을 받으면 곧아지고 칼이 숫돌에 갈리면 날카로워진다. 이렇듯 군자가 널리 배우고 날마다 자기를 성찰하는 과정을 거치면 지혜가 밝아지며 행동에 허물이 없

어질 것이다.

그러므로 높은 산에 올라가보지 않으면 하늘이 얼마나 높은지 모르고, 깊은 계곡에 이르러 내려다보지 않으면 땅이 얼마나 두터운지 모른다. 선왕들이 남긴 말씀을 듣지 않으면 학문의 세계가 얼마나 광대한지 알 길이 없을 것이다. 남쪽, 북쪽 오랑캐의 자식들이 태어날 때 똑같은 소리로 울지만, 자라면서 풍속이 달라지는 것은 무슨 까닭인가? 다 교육의 영향이다."

스승보다 더 높은 경지에 오른 제자를 비유할 때 '청출어람'이라고 합니다. 그 말이 바로 위의 이야기에서 유래되었습니다. 여기에 나오는 남색(藍色) 또는 푸른색 물감의 원료가 쪽[藍]입니다.

한 뼘 더 깊게

쪽에서 푸른색 물감을 얻는 방법

먼저 여름철 꽃대가 올라오기 전의 쪽을 아침 일찍 베어 줄기째 항아리에 차곡차곡 쌓아 담근 뒤, 넘칠 정도로 물을 붓는다. 이것을 햇볕이 잘 드는 곳에 두고 일주일 정도 삭힌 후 뭉그러진 잎과 줄기를 건져낸다. 그렇게 얻어진 천연 염색 쪽빛은 원재료인 쪽 색깔보다 훨씬 아름답고 파랗다.

성악설(性惡說)을 주장한 순자는 쪽과 푸른색, 그리고 물과 얼음을 비유로 들어 교육을 통한 인성의 교정을 강조했습니다. 그는 인간의 본성이 악하고 이익을 탐하기 때문에 스승의 가르침으로 교정해야 한다고 생각했습니다.

쪽에서 푸른색을 추출하는 과정이나 물이 얼음으로 변하는 과정, 곧은 나무를 바퀴로 휘게 하는 과정은 교육을 비유한 것입니다. 그래서 청출어람(靑出於藍)이란 교육을 통해 제자가 스승보다 더 뛰어나게 변화된 것을 말합니다.

비슷한 뜻의 한자성어

- **후생각고** 後生角高 | 뒤 후, 날 생, 뿔 각, 높을 고
'뒤에 난 뿔이 우뚝하다'는 뜻으로, 제자나 후배가 스승이나 선배보다 뛰어날 때 하는 말.

- **출람지재** 出藍之才 | 날 출, 쪽 람(남), 어조사 지, 재주 재
제자가 스승보다 더 나음을 이르는 말.

8장

한결같은 마음

34 상황에 따라 달라지는 기준

餘 桃 之 罪
여   도   지   죄

餘 남을 여   桃 복숭아 도   之 어조사 지   罪 허물 죄

중국 춘추 시대 위나라의 영공(靈公)은 공자와 동시대를 살았던 인물로, 공자와 나눈 이야기가 《논어》에 〈위령공편〉으로 실렸을 정도로 유명했습니다. 그러나 그는 음란하고 방탕하며 군주로서 자질이 떨어지는 사람이었습니다.

영공에게는 미자하(彌子瑕)라는 신하가 있었습니다. 그는 미소년같이 뛰어난 외모 덕에 일찍부터 영공의 각별한 총애를 받았습니다.

어느 날 밤늦은 시간에 어떤 사람이 미자하에게 달려와 그의

어머니가 위독하다는 소식을 전해주었습니다. 다급해진 미자하는 왕명이라 속인 후 왕의 수레를 타고 자기 어머니를 만나러 집에 다녀왔습니다.

당시 위나라 법에 따르면 왕의 수레를 허락 없이 탔을 경우 발뒤꿈치를 자르는 월형에 처하도록 했습니다. 그런데 영공은 그 보고를 듣고 오히려 크게 칭찬했습니다.

"미자하는 정말 효자로다. 얼마나 효성이 지극했으면 자기 발뒤꿈치가 잘려나간다는 사실도 잊었겠는가."

하루는 미자하가 영공과 함께 복숭아밭에서 산책할 때였습니다. 껍질이 얇고 단맛이 풍부한 복숭아인 수밀도(水蜜桃)가 나무마다 탐스럽게 열려 있었습니다.

잘 익은 복숭아를 발견한 미자하는 하나를 따서 한입 베어 먹었습니다. 그러고는 맛이 아주 달다며 자신이 먹다 만 복숭아를 영공에게 건넸습니다.

이를 본 신하들은 영공에게 미자하를 불경죄로 엄벌할 것을 간청했습니다. 그러나 이때도 영공은 이렇게 말하며 크게 칭찬했습니다.

"미자하가 나를 생각하는 마음이 얼마나 큰지 봐라. 오죽했으면 자기가 입에 댄 복숭아인 것도 잊어버리고 먹으라 권했겠는가?"

이후 세월이 흐를수록 미자하의 외모도 점점 평범해지기 시작했습니다. 그러자 영공의 불같던 총애도 식어버리고 말았습니다. 어느 날, 미자하가 사소한 잘못을 저지르고 영공 앞에 섰습니다. 그런데 이때 영공이 죄목으로 삼은 것이 예전 미자하가 했던 행동이었습니다.

"미자하는 본래 고약한 놈이었다. 감히 나의 수레를 몰래 훔쳐 타고, 자기가 먹던 더러운 복숭아를 내게 먹으라고 줬다. 이를 어찌 용서할 수 있겠는가."

총애를 입을 때는 크게 칭찬받았던 일이 지금은 용서받지 못할 죄목이 되었습니다.

여도지죄(餘桃之罪)는 '먹다 남은 복숭아를 준 죄'라는 뜻으로, 같은 행동이라도 애증에 따라 판단하는 기준이 달라진다는 의미입니다. 이 고사성어에는 항상 처신을 조심해야 한다는 교훈 외에도 다른 사람의 말과 행동을 평가할 때 내 기준이 어떠한지 살펴보라는 의미도 담겨 있습니다.

위의 이야기는 《한비자》 중 유세 지침을 기록한 〈세난편(說難篇)〉에 나옵니다.

춘추전국 시대는 과거시험 같은 공식적인 인재 등용 제도가 없었던 때라 사상가들은 자신의 주장이 갖는 가치와 명분을 유창한

언변과 화술로 설명해 왕을 설득해야 했습니다. '세난'은 사상이 아무리 뛰어난 자라도 유세[說]로 왕의 마음을 얻기가 어렵다[難]는 뜻입니다.

한비자는 이 사건을 이렇게 평가했습니다.

"미자하의 행동이 변한 것은 없었다. 다만 사랑하고 미워하는 왕의 마음이 변한 것이다."

총애가 식었을 때 찾아올 치욕과 위태로움을 생각하고 평소 처신을 조심했어야 한다는 말입니다.

한비자는 이어 다음과 같은 이야기를 들려주며 〈세난편〉의 글을 마칩니다.

"유세하는 사람은 왕의 애증을 잘 살핀 후에 말해야 한다. 아무리 사나운 용이라 해도 길들이면 등에 올라탈 수도 있다. 그런데 용의 목 아래 거꾸로 붙어 있는 지름이 한 자쯤 되는 비늘, 즉 역린 (逆鱗 거꾸로 역, 비늘 린)을 건드리면 반드시 사람을 죽이고 만다. 왕에게도 역린이 있다. 이 역린을 건드리지만 않으면 거의 목적을 달성했다 할 수 있을 것이다."

비슷한 뜻의 한자성어

- **애증지변 愛憎之變** | 사랑 애, 미워할 증, 어조사 지, 변할 변
  같은 행동이라도 사랑을 받는 것과 미움을 받는 것이 상대 입장에 따라 다르게 받아들여질 수 있는 뜻.

- **여도담군 餘桃啗君** | 남을 여, 복숭아 도, 먹일 담, 임금 군
  '먹다 남은 복숭아를 임금에게 먹게 했다'는 뜻으로, 똑같은 행위라도 받아들이는 사람의 마음에 따라 다르게 해석됨을 이르는 말.

35 약속을
목숨처럼

季 布 一 諾
계 포 일 낙

季 막내 계 布 베 포 一 하나 일 諾 허락할 낙

계포(季布)는 초(楚)나라 출신으로 용맹하고 의협심이 강하기로 유명했습니다. 항우의 장수가 된 그는 많은 전투에서 공을 세웠으며 한나라 유방을 여러 차례 사지로 몰아넣었습니다.

202년 항우가 해하전투에서 패하고 죽자, 천하를 통일한 유방은 한나라의 고조가 되었습니다. 계포에 대한 원한과 수치심이 뼈에 사무쳤던 유방은 계포에게 천금의 현상금을 내걸고 말했습니다.

"만약 계포를 숨겨주는 사람이 있으면 삼족을 멸할 것이다."

현상금이 걸린 수배자 신세가 된 계포는 달아나 복양(濮陽)의 주씨(周氏) 집에 숨어 지냈습니다. 주씨가 계포에게 말했습니다.

"머지않아 한나라 군사들이 장군을 잡으러 이곳까지 추적해올 것입니다. 제가 장군을 위해 계책을 마련했습니다. 만약 이를 따르지 못하겠다면 스스로 목숨을 끊는 것이 좋을 것입니다."

주씨는 계포의 머리를 깎고 목에 칼을 채운 후 거친 베옷을 입히고 상여에 태워 노나라의 주가(朱家)에게 팔았습니다. 주가는 한눈에 계포임을 알아보았으나 이를 숨기고 그에게 밭일을 맡겼습니다. 그러고는 아들에게 밭일은 모두 계포에게 묻고 식사도 항상 함께하라고 분부했습니다.

그런 다음 주가는 급한 명을 전달할 때 쓰는 수레 초거(軺車)를 타고 낙양으로 달려갔습니다. 그가 낙양에 도착해 만난 사람은 한나라 개국공신 중 한 사람인 하후영(夏候嬰)이었습니다.

주가가 하후영에게 물었습니다.

"계포에게 무슨 큰 죄가 있어 폐하께서 저리 큰 현상금을 걸고 급히 체포하려고 하십니까?"

하후영이 대답했습니다.

"폐하께서 항우와 싸울 때 계포에게 여러 번 봉변을 당할 뻔했소. 그때의 원한을 푸시고자 하는 것이오."

주가가 말했습니다.

"공께서 평가하시기에 계포는 어떤 인물입니까?"

"그 사람 자체만 보면 현명하고 유능하다고 생각하오."

주가는 하후영이 대답을 마치자마자 그를 설득하기 시작했습니다.

"사람이라면 자기 주인을 위해 충성하는 것이 당연하지 않겠습니까? 계포가 항우를 위해 싸운 것도 그와 마찬가지 일이었습니다. 이제 항우도 죽고 천하가 통일되었는데 항우 밑에 있었다는 이유로 모조리 죽여야 하는 것입니까? 폐하께서 천하를 얻으신 지 얼마 되지 않았습니다. 이런 사사로운 앙갚음은 폐하의 도량이 좁다는 것을 만천하에 드러낼 뿐입니다. 또 현명하고 유능한 계포가 북쪽 흉노나 남쪽 월나라로 가버린다면 한나라에게는 큰 손해요, 장차 위협적인 인물이 될 게 뻔합니다. 어째서 공 같은 분이 폐하께 이런 간언을 하지 않으시는지요."

하후영은 주가의 말이 옳다고 여겨 어전에 들어가 유방에게 이 말을 전했습니다.

신뢰하는 하후영의 말이라 유방도 즉시 자신의 생각을 접고 계포를 사면했습니다.

계포가 감사의 말을 전하자 유방은 그에게 자신을 시종하는 낭중(郞中) 벼슬을 내렸습니다. 계포는 이후 효혜제(孝惠帝)와 문제(文帝) 때까지 벼슬을 하며 한나라를 섬겼습니다.

하우영과 유방은 어떤 관계?

본래 하후영은 관아의 마부 출신이었으나 유방과는 신분과 나이를 초월한 우정을 쌓았다. 어느 날, 두 사람이 칼싸움 놀이를 하다가 유방이 실수로 하후영의 몸에 상처를 입힌 적이 있었다. 평소 유방을 시기하던 자가 관아에 유방을 상해죄로 고발했다. 하지만 하후영이 유방의 행위가 아니라고 부인한 덕분에 유방은 무죄가 되었다. 얼마 후 거짓 증언임이 밝혀져 오히려 하후영이 감옥에 갇히는 신세가 됐다. 유방이 군사를 일으키자 부하가 된 하후영은 최전방에서 맹활약했다. 마부였을 때 배운 뛰어난 기마술로 전차를 몰며 유방을 봉변 직전에서 여러 번 구출하기도 했다.

역사서의 완성을 위해 사형 대신 궁형을 택했던 사마천은 계포를 이렇게 평가했습니다.

"현명하고 능력 있는 사람은 헛되이 죽지 않는다. 분함을 이기지 못해서 목숨을 끊는 게 용기가 아니다. 비겁하다고 욕을 먹더라도 자신의 능력을 믿고 한나라의 명신이 된 계포는 진정한 용기를 보였다."

한고조 유방이 죽고 아들 유영이 황제 자리를 이었는데 그가 효혜제입니다. 이때 계포는 황제 호위와 궁중 경비의 임무를 띤 중랑장(中郎將)의 자리에 있었는데, 다음 일화에서 계포의 용기를 엿볼 수 있습니다.

유방의 아내는 남편을 도와 한나라를 세우는 데 크게 기여했지만, 훗날 잔인하고 악랄한 행위로 인해 중국의 3대 악녀로 불렸습니다.

그녀는 유방이 수배자 신세였을 때는 은밀히 옷과 음식을 갖다 주며 뒷바라지를 했고, 유방이 전투를 치르러 집을 비웠을 때는 아이들을 기르고 시부모를 모시며 농사와 양잠으로 가정을 꾸려 내조했으며, 유방이 팽성에서 항우의 군대에 대패했을 때는 전쟁이 끝나기 직전까지 2년 5개월간 포로생활을 하기도 했습니다.

그런데 유방은 후궁 척씨 부인을 무척 총애했습니다. 유방의 총애를 등에 업은 척씨는 황태자를 폐위하고 자신의 아들 유여의(劉如意)를 대신 세우려고 애썼습니다.

이에 앙심을 품은 여태후는 유방이 죽고 나자 유여의를 죽이고 척씨 부인을 인간돼지[人彘 사람인, 돼지 체]로 만들어버렸습니다. 양손과 발을 다 자르고 혀를 뽑고 눈을 불로 지지고 귀에다 황을 부어 청력을 잃게 만든 후 돼지우리에 넣어버렸던 것입니다. 당시에는 돼지의 먹이가 사람의 용변이었던 터라 돼지우리가 화장실에 있었습니다.

효혜제는 이 잔혹한 일을 저지른 사람이 자신의 어머니인 것을 알게 되었습니다. 원래 성품이 착했던 효혜제는 이 일에 큰 충격을 받고 방탕한 인생을 보내다 일찍 죽었습니다.

이후 여태후는 나라의 실권을 잡고 다스리기 시작했습니다.

그러던 어느 날, 흉노족의 선우가 서신을 보내왔습니다. 편지의 내용은 충격적이었습니다. 자신은 홀아비고 여태후는 과부니 둘이 서로 잘 즐겨보자는 성희롱 편지였던 것입니다. 모욕감에 치를 떤 여태후가 장군들을 비상 소집했습니다.

상장군 번쾌(樊噲)가 아내의 언니인 여태후에게 말했습니다.

"제게 10만의 군사를 내어주시면 흉노의 땅으로 들어가 짓밟고 그들이 무례를 범한 대가를 톡톡히 치르게 하겠습니다."

여러 장군이 여태후의 눈치를 보며 모두 번쾌의 제안에 동의했습니다. 이때 계포가 말했습니다.

"번쾌의 목을 베어야 마땅합니다. 천하를 통일했던 고조께서도 40만 가까운 대군과 명장들을 이끌고 흉노 정벌에 나섰다가 평성(平城)에서 크게 패해 나라가 멸절될 뻔한 수치를 당하셨습니다. 그런데 번쾌 따위가 겨우 10만의 병사만으로 흉노를 정벌하겠다고 하니 말이 됩니까? 이것은 태후님의 판단을 흐리게 만드는 발언입니다. 그 강력했던 진(秦)나라가 왜 망했겠습니까? 흉노 정벌에 지나치게 국력을 소모한 탓이지 않았습니까? 아직도 초한전쟁의 여파가 남아 있는 상황인데 지금 번쾌는 태후에게 아첨하고 국가를 위기에 몰아넣으려고 하고 있습니다."

천하의 여태후도 계포의 말에는 반박할 수가 없었습니다. 사실 이때 한나라는 흉노를 토벌할 군사를 모을 형편이 못되었고 흉노족의 군사력은 한나라를 능가했기 때문이었습니다.

한번은 계포가 친구와 마을 앞 호수를 헤엄쳐서 건너가기로 약속하고 이튿날 만나기로 했습니다. 그런데 약속한 날에 비바람이 불고 천둥 번개가 쳤습니다. 친구는 날씨가 좋아질 때를 기다린 후 나갔습니다. 하지만 계포는 약속 장소에서 비에 흠뻑 젖은 상태로 서 있었습니다.

이 일을 계기로 계포는 약속을 잘 지키는 강직한 사람으로 알려지게 되었습니다. 그는 아무리 사소한 것이라도 자기가 한 약속이나 말은 목숨을 걸고 지키는 사람이었습니다. 모든 신하가 두려워하던 여태후마저 쉽게 설득할 수 있었던 힘은 바로 그동안 쌓아온 신뢰에서 기인했던 것입니다.

효혜제의 뒤를 이은 문제가 다스리던 때 조구생(曹邱生)이라는 사람이 있었습니다. 그는 초나라 출신으로 화술이 뛰어나 여러 번 권세가와 귀족들에게 아부하여 돈을 벌었습니다. 특히 효문황후의 오빠 두장군(竇長君)과 친분이 깊었습니다.

　계포는 두장군에게 편지를 보내 조구생을 가까이하지 말라고 조언했습니다. 신의를 중요하게 여기고 공명정대했던 계포는 조구생을 가까이하면 안 될 소인배라고 생각했던 것입니다.

　어느 날, 고향 초나라로 돌아가려던 조구생이 두장군에게 소개장을 받아 계포를 만나러 갔습니다. 조구생이 찾아오자 그를 보고 계포는 크게 화를 냈습니다. 그러자 조구생이 대뜸 계포에게 이렇게 말했습니다.

　"초나라 사람들에게는 '황금 백근을 얻는 것이 계포가 한 번 허락하는 것[一諾]만 못하다'라는 말이 있습니다. 장군은 어떻게 이런 평을 듣고 계신지 아십니까. 다 전파하는 사람들이 있기 때문입니다. 장군처럼 저도 초나라 출신입니다. 제가 천하를 돌며 장군의 이

조구지덕 曺邱之德 | 성씨 조, 언덕 구, 어조사 지, 클 덕

'남의 장점을 말하고 칭찬하다'라는 뜻으로 쓰임. 계포의 명성
이 널리 퍼진 데는 조구생의 영향이 컸다는 것에서 유래함.

름을 높여드릴[曺丘之德] 수 있는데 왜 장군은 저를 싫어하십니까?"

계포는 조구생의 칭찬에 크게 기뻐하여 그를 귀빈으로 모시고
여러 달 머물게 했고, 떠날 때는 많은 선물까지 주어 보냈습니다.

'한 번 한 약속은 반드시 지킨다'는 의미의 계포일낙(季布一諾)은
이 일화에서 유래했습니다.

비슷한 뜻의 한자성어

- **일낙천금** 一諾千金 | 한 일, 허락할 낙, 일천 천, 쇠 금
  '한 번 승낙한 것은 천금같이 귀중하다'는 뜻으로, 약속을 소
  중히 여기라는 말.

- **천금지낙** 千金之諾 | 일천 천, 쇠 금, 어조사 지, 허락할 낙
  '천금같이 귀중한 허락'이라는 뜻.

귀한 손님을 맞이하는 자세

吐 哺 握 髮
토 포 악 발

吐 토할 토　哺 먹을 포　握 쥘 악　髮 머리카락 발

주(周)나라의 시조 문왕(文王)은 성이 희(姬)에 이름은 창(昌)으로, 서쪽 지역 제후들의 우두머리인 서백(西伯)의 자리에 올라 서백창으로도 불렸습니다.

서백창이 하루는 교외에 행차했는데 죽은 사람의 마른 뼈가 그대로 드러나 있는 것을 보았습니다. 그는 관리에게 명하여 그 뼈를 잘 묻어주도록 했습니다. 이에 명을 받은 관리가 물었습니다.

"이 마른 뼈들은 아주 오래되어 후손도 끊기고 주인도 누군지 모릅니다. 굳이 묻어주어야 할 필요가 있겠습니까?"

그러자 서백창이 대답했습니다.

"천자는 천하를 가지고 있어 천하의 주인이듯 제후는 하나의 나라를 가지고 있으니 그 나라의 주인이오. 그러니 지금 내가 다스리는 나라에 있는 이 마른 뼈들의 주인은 바로 나요."

관리는 그 말을 듣고 정성껏 장례를 치러서 묻어주었습니다.

당시 사람들이 이를 보고 말했습니다.

"서백창이 베푸는 은혜가 마른 뼈들에게까지 미치는데 살아 있는 사람들에게는 얼마나 더할까?"

서백창의 이런 마음 씀씀이는 평안한 삶에서 나온 것이 아니었습니다. 오히려 그는 온갖 핍박을 겪은 사람이었습니다. 그는 은(殷)나라 말기에 살았던 사람으로 마지막 천자인 주(紂)의 신하였습니다. 주는 폭군의 대명사로 잘 알려진 포악한 사람이었습니다.

어느 시대나 그렇듯 폭군 밑에는 아첨하는 간신배들이 있었습니다. 주의 폭정을 보며 서백창이 탄식하자 간신배들이 주에게 고자질을 했습니다. 주는 곧바로 서백창의 지위를 박탈하고 유리(羑里) 지방에 감금시켜버렸습니다.

백성의 신망을 한몸에 받는 서백창에게 질투와 위협을 느낀 주는 끔찍한 만행을 저질렀습니다. 궁에서 '왕이 하사한 것'이라며 서백창에게 고깃국을 보냈는데, 서백창의 큰아들 백읍고(伯邑考)

를 죽여 삶아 만든 고깃국이었습니다. 서백창에게 반역의 마음을 갖지 말라는 경고였던 것입니다.

그는 그것을 알면서도 자식을 삶은 국을 마시며 피눈물을 쏟아냈습니다. 극악무도한 주가 다스리는 은나라는 분명히 망하고 세상은 변화될 것이라는 믿음이 있었기에 일단은 살아남아야 했습니다.

그 무렵 서백창이 유배지에서 몰두한 일이 바로《주역(周易)》을 정리하는 것이었습니다. 《주역》은 서백창이 복희씨(伏羲氏)가 쓴 64괘를 바탕으로 만든 책입니다.

인간과 우주의 생성 및 소멸의 원리를 담은《주역》에는 자식을 삶은 국을 먹어야 했던 울분, 도탄에 빠진 백성들을 살려야 한다는 절박함이 서려 있습니다.

유배지에 있는 동안 신하들의 석방 노력으로 풀려난 서백창은 봉국(封國)으로 돌아가서 조용히 덕을 쌓고 선정을 베풀었습니다. 주나라의 시조인 문왕에 오른 그는 주변 국가를 합병해 영토를 확장하고 은나라에 원한이 있는 주변 민족들과 손잡고 국력을 강화했습니다.

그 후 연로한 문왕이 죽고 둘째 아들 발(發)이 즉위했는데 그가 무왕(武王)입니다. 무왕은 기원전 1048년에 4만 5000명의 대군을 이끌고 하늘을 대신하여 벌한다는 명분으로 은나라를 정벌하러

나섰습니다. 2년간의 격전 끝에 기원전 1046년, 은나라의 수도를 함락시키고 천하를 통일했습니다.

이때 무왕의 책사 역할로 최고의 공을 세웠던 주공(周公) 단(旦)은 문왕의 넷째 아들이자 무왕의 동생이었습니다.

그러나 무왕은 왕위에 오른 지 6년, 마흔다섯의 나이로 세상을 떠났습니다. 왕위를 이어받은 태자의 나이는 겨우 열세 살이었습니다. 그가 바로 성왕(成王)입니다.

이때 주공은 어린 조카를 제거하고 권력을 차지할 힘이 있었습니다. 하지만 성왕을 보좌해 주나라의 국가체제를 확립한 충신 중의 충신이 되었습니다. 덕분에 주나라는 중국 역대 왕조 중에서 가장 오래 존속한 나라로 기록되었습니다.

주공이 중심이 되어 판을 짜놓은 봉건제도는 후대 왕들의 통치 방식이 되었고, 그가 제정한 주례(周禮)는 관직제도의 기준이 되었습니다.

《논어(論語)》〈술이편(述而篇)〉에 보면 공자가 "내가 늙고 쇠약한 것이 심한 것 같구나. 꿈속에서 주공을 뵙지 못한 것이 이리 오래되었으니"라며 슬퍼하는 구절이 나옵니다.

이렇듯 주공은 공자가 평생을 두고 흠모하며 가장 이상적인 인간형으로 삼았던 사람이었습니다. 공자는 조국 노(魯)나라의 시조이기도 했던 주공의 문물제도로 혼란한 세태를 극복해 그의 업적을 재현하려 애썼습니다.

주공은 아들 백금(伯禽)이 장성한 이후에도 엄하게 가르치는 것으로 유명했습니다. 백금이 아버지 주공을 세 차례 만나러 갔는데 주공은 아무 말도 하지 않은 채 만날 때마다 아들을 매질했습니다[周公三笞].

주공삼태 周公三笞 | 두루 주, 공변될 공, 석 삼, 매질할 태
'주공이 세 차례 매질을 하다'는 뜻으로, 부모는 자식이 겸손한 사람이 되도록 엄하게 가르쳐야 함을 이르는 말. 주공이 아들 백금을 엄하게 교육한 이야기에서 유래함.

이때 옆에 있던 주공의 동생 강숙봉(康叔封)의 제안으로 백금은 현인으로 알려진 상자(商子)를 찾아가 물었습니다.

"아버지께서 저를 매질하시는 이유가 무엇인지 궁금합니다."

그러자 상자는 남산의 남쪽에 '교(橋)'라는 이름의 나무가 있으니 보고 오라고 했습니다. 백금이 가보니 '교'는 하늘을 향해 높게 솟은 나무였습니다. '교'를 보고 난 후 백금은 다시 상자를 찾아갔

습니다.

이번에 상자는 남산의 북쪽에 있는 '재(梓)'라는 나무를 보고 오라고 했습니다. 백금이 가서 보니 '재'는 낮고 낮아 아래쪽을 향해 늘어뜨려진 나무였습니다.

이 두 나무를 다 본 후 찾아온 백금에게 상자가 말했습니다.

"'교'라는 나무는 '아비의 도리'를, '재'라는 나무는 '자식의 도리'를 상징하는 것입니다."

주공은 천하에 으뜸가는 권력자인 아비를 믿고 자식이 오만해져 인생을 그르치지 않도록 매질로 경계했던 것입니다.

주공은 주나라 건국의 3대 공신으로 그 공적에 따라 노나라의 제후로 책봉되었습니다. 하지만 어린 조카 성왕이 자립할 때까지 주나라를 돕기 위해 아들 백금을 대신 보냈습니다. 이때 주공이

백금에게 이렇게 말했습니다.

"너도 잘 알다시피 나는 주나라의 시조 문왕의 아들이요 천하를 통일한 무왕의 동생이며 지금의 왕인 성왕의 작은아버지다. 출신과 직분과 가진 권력으로 말하자면 지금 천하에 나보다 더 나은 사람이 있겠느냐? 하지만 나는 머리를 감다가도 좋은 사람들이 찾아오면 머리채[髮]를 양손으로 세 번씩이나 움켜쥐고[握] 달려가 맞이했었다. 또 밥을 먹다가도 세 번씩이나 먹은[哺] 것을 토해[吐]내고 달려나갔다. 그러면서도 행여나 어질고 현명한 이들을

● **악발토포 握髮吐哺** | 쥘 악, 터럭 발, 토할 토, 먹일 포
'머리털을 움켜쥐고 먹던 것을 뱉는다'는 뜻으로, 간절하게 인재를 구하는 모습을 가리키는 말. 주공이 식사할 때나 목욕할 때 현자가 찾아오면 먹던 것을 뱉고 머리카락을 거머쥐고 영접했다는 데서 유래함.

● **토포착발 吐哺捉髮** | 토할 토, 먹일 포, 잡을 착, 터럭 발
'먹던 것을 뱉고 감던 머리를 거머쥔 채 인재를 맞이한다'는 뜻으로, 현자를 얻기 위해 애씀을 이르는 말.

모시지 못할까 항상 전전긍긍하며 평생을 살아왔다. 네가 지금 노 나라에 가면 사람들을 귀히 여겨야 한다. 행여나 제후랍시고 함부로 오만하게 대하면 절대 안 될 것이다."

이 이야기에서 사람을 얻으려면 그만큼 정성을 다해야 한다는 의미의 토포악발(吐哺握發)이 유래했습니다.

37 마음과 마음이 이어질 때

拈 華 微 笑

염　화　미　소

拈 집을 념(염)　華 꽃화　微 작을 미　笑 웃을 소

석가모니의 10대 제자 중에서 가섭(迦葉)이라는 사람이 있었습니다. 그는 두타행(頭陀行)에서 가장 뛰어난 제자라는 의미로 '두타제일(頭陀第一)'이라 불렸습니다. 두타행은 번뇌에서 벗어나 의식주에 대한 집착과 탐욕을 물리치게 하는 엄격한 불교식 수행법을 말합니다.

가섭은 석가모니가 죽은 후에 제자들을 하나로 결집시키고 최초의 경전을 펴냈으며 불교의 법을 통일했습니다. 그런 이유로 제자들 중 가장 중요한 위치를 차지하는 인물로 평가됩니다.

석가모니가 가섭에게 세 곳에서 특별 대우를 했다는 이야기가
전해옵니다.

첫 번째는 중인도 비사리성(毘舍離城) 북서쪽에 있는 다자탑(多子
塔)에서 석가모니가 설법을 펴고 있을 때였습니다. 그때 가섭이 누
더기를 걸치고 뒤늦게 오자 다른 제자들이 깔보며 비웃었습니다.

그러자 석가모니는 자기가 앉아 있던 자리 절반을 가섭에게 내어
주며 같이 앉게 했습니다. 이것이 첫 번째로 마음을 전한 것입니다.

두 번째는 석가모니가 중인도 왕사성(王舍城) 북동쪽에 있는 영
취산(靈鷲山)에서 설법을 펴고 있을 때였습니다. 영취산은 정상에
있는 바위가 독수리[鷲]를 닮은 신령(神靈)스러운 산이란 뜻으로,
석가모니가 수많은 가르침을 베푼 곳으로 유명합니다.

석가모니의 법문을 듣기 위해 가섭, 수보리, 사리불, 목건련, 아
난 등 수행과 지혜가 뛰어난 10명의 제자를 비롯하여 많은 사람이
모였습니다. 그런데 법상에 오른 석가모니는 한참 동안 묵묵히 앞

만 바라보았습니다. 그러더니 법문 대신 꽃[華] 한 송이를 집어[拈] 들어 군중에게 보였습니다. 평소와는 다른 석가모니의 행동에 사람들은 영문을 몰라 서로 얼굴만 쳐다보았습니다.

바로 그때 수제자 가섭이 이를 보고 빙그레 미소(微笑)를 지었습니다. 석가모니가 가섭의 미소를 보고 말했습니다.

"내가 깨달은 바른 법과 열반의 깊고도 오묘한 세계는 형체가 없이 신비로운 관문을 열어줄 것이다. 즉, 말이나 문자가 아닌 경전을 넘어선 모습으로 전해질 것이니 이제 이를 가섭에게 맡긴다."

가섭이 스승으로부터 불교철학의 진수를 직접 전수받은 것입니다.

마지막은 석가모니가 임종을 맞이한 북인도 쿠시나가라성 북서쪽에서였습니다. 석가모니는 80세가 되어서도 설법을 그치지 않았는데, 공양받은 음식이 잘못되어 심한 식중독에 걸렸습니다. 고령인 데다 금식을 자주 했었기에 장이 매우 약해진 탓이었습니다.

병이 위독함을 깨달은 붓다는 최후의 목욕을 마치고 사라(沙羅)나무 숲속으로 들어갔습니다. 북쪽을 바라보고 오른쪽으로 누워 발을 포갠 다음 밤중에 제자들에게 마지막으로 가르침을 전했습니다. 그러고는 쉬지 말고 수행에 임할 것을 당부하는 유언을 남기고 조용히 열반에 들었습니다.

이때 가섭이 스승의 관 주위를 세 번 돌고 세 번 절했습니다. 그러자 관 속으로부터 석가모니가 두 발을 밖으로 내밀어 보였습니다.

이 장면은 경전 공부보다 참선을 중요시하는 불교의 종파인 선종에서 교외별전(敎外別傳)의 증거로 여깁니다. 교외별전은 '가르침 바깥에 있는 특별한 가르침'이라는 뜻으로, 말이나 글이 아닌 마음에서 마음으로 가르침이 전해진다는 뜻입니다.

석가모니가 꽃을 들어 보였을 때 가섭만이 웃었다는 고사에서 염화미소(拈華微笑)라는 말이 나왔습니다.

비 슷 한 뜻 의 한 자 성 어

- **염화시중** 拈華示衆 | 집을 념(염), 꽃 화, 보일 시, 무리 중
  '연꽃을 집어 대중에게 보이니 제자 가섭만이 그 뜻을 알고 미소를 지었다'라는 뜻으로, 말이나 글로 통하지 아니하고 마음에서 마음으로 전하는 일을 가리킴.

- **이심전심** 以心傳心 | 써 이, 마음 심, 전할 전, 마음 심
  마음과 마음으로 서로 뜻이 통함.

- **불립문자** 不立文字 | 아닐 불, 설 립(입), 글월 문, 글자 자
  불도의 깨달음은 마음에서 마음으로 전하는 것이므로 말이나 글에 의지하지 않는다는 뜻.

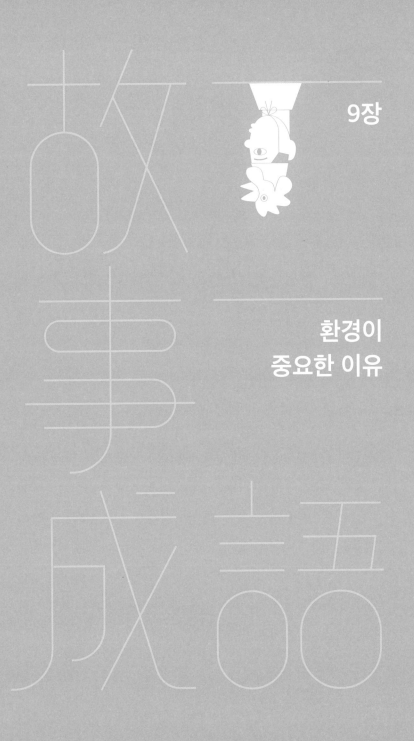

9장

환경이
중요한 이유

사람을
만드는 것은 환경

南 橘 北 枳

남 귤 북 지

南 남녘 남　橘 귤귤　北 북녘 북　枳 탱자 지

안영(晏嬰)은 중국 춘추 시대 제(齊)나라의 전성기를 다시 연 명재
상입니다. 무려 40여 년에 걸쳐 영공(靈公)·장공(莊公)·경공(景公)
3대를 섬겼으며, 강직한 성품에 비유를 사용해 핵심을 찌르는 직
언으로 유명했습니다. 훗날 안자(晏子)라 불리며 존경을 한몸에
받았습니다

《사기》를 지은 사마천이 가장 존경하는 인물로 꼽은 사람도 안
영이었습니다. 그는 "안영을 만날 수만 있다면 그의 마부가 된다
해도 영광스러울 것이다"라고 말했습니다.

252

제나라 영공 때, 도성 안 여인들 사이에 남장 문화가 널리 유행했습니다. 영공은 이런 풍습을 금지하는 법령을 여러 차례 내렸습니다. 하지만 유행이 사라지지 않고 계속되자 영공은 안영에게 명령이 시행되지 않는 원인에 대해 물었습니다. 안영이 대답했습니다.

"지금 주군께서 시행하시는 것은 마치 소의 머리를 내걸고 말고기를 파는 것[牛頭馬肉]과 같습니다."

"소머리는 뭐고 말고기는 또 뭔가?"

"애초에 이 풍습은 주군의 후처와 첩들이 시작한 것입니다. 그런데 금지 법령을 그들에게만은 적용하지 않으니 백성들이 따를 리가 없지요. 먼저 궁중에서부터 그 풍습을 금지하십시오. 그러면 자연히 사라질 것입니다."

영공이 이 말을 듣고 그대로 시행하자, 마침내 남장 풍습은 사그라들고 말았습니다.

고사성어 속 고사성어

우두마육 牛頭馬肉 | 소 우, 머리 두, 말 마, 고기 육
'소의 머리를 간판에 내걸고 말고기를 파는 것'이라는 뜻으로, 겉은 훌륭해 보이지만 속은 변변찮음을 말함.

훗날 경공이 다스릴 때의 이야기입니다.

안영은 검소하여 더럽고 지저분하고 시끄러운 시장 근처 초라한 집에 살았습니다. 이에 경공은 안영에게 큰 집을 지어줄 테니 이사하라고 권했습니다. 이를 사양하며 안영이 대답했습니다.

"이곳은 장점이 많습니다. 시장이 가까워 민심을 잘 살필 수 있고 물건도 싸고 쉽게 살 수 있어 편리합니다."

경공이 다시 물었습니다.

"정 그렇다면 어쩔 수 없지. 그런데 요즘에는 어떤 물건이 가장 싸고, 어떤 물건이 가장 비싼가?"

"지금 시장에서는 켤레 신발이 제일 싸고 한쪽만 파는 신발이 제일 비쌉니다."

"그게 무슨 말인가?"

"우리나라의 형벌이 지나치게 가혹합니다. 죄를 지으면 무조건 발뒤꿈치부터 자르는 월형(刖刑)으로 다스리는 바람에 한쪽 발을 못 쓰는 장애인들이 나라에 넘쳐나고 있습니다. 켤레 신발을 신는 사람이 거의 없으니 값이 싸고 한쪽 신발은 품귀 현상이라 비싸졌다는 말입니다."

경공은 안영의 말을 듣고 월형을 없애는 등 형벌제도를 재정비했습니다.

기원전 540년, 초나라에 영왕이 즉위하자 안영은 제나라 사신의 신분으로 초나라를 방문했습니다.

초나라는 영토가 넓고 군사력도 강했지만 문화 수준이 뒤처져 중원의 다른 나라들로부터 야만스러운 오랑캐라며 은근히 무시당하고 있었습니다. 이에 영왕은 초나라의 위력을 드러내고 명성이 자자한 안영의 기를 꺾어놓고 싶었습니다. 그래서 궁궐 대문을 걸어 잠그고 옆에 개구멍을 만들어놓았습니다.

안영이 도착하자 영왕의 지시를 받은 신하가 안영에게 영왕이 몹시 기다리니 우선 개구멍으로 들어가라고 했습니다.

안영은 그의 부모가 이름을 '갓난아이 영(嬰)'으로 지었을 정도로 병약해 잘 자라지 못했습니다. 어른이 되어서도 키가 140센티미터도 되지 않을 정도로 작고 외모도 볼품이 없었습니다.

개구멍으로 들어가라는 말에는 그의 왜소한 체구를 놀려 그의 자존심을 상하게 하려는 의도가 숨어 있었습니다.

그러자 안영은 이렇게 외쳤습니다.

"나는 개의 나라에 온 것이 아니라 초나라에 사신으로 온 것인데 어찌 개구멍으로 들어가라 하는 것이오!"

개구멍으로 들여보냈다간 초나라가 졸지에 개의 나라임을 인정하는 꼴이 되는 셈이니, 결국 신하는 성문을 열어줄 수밖에 없었습니다.

궁궐로 들어간 안영이 초나라 영왕과 대면했습니다.

영왕은 그를 보자마자 대뜸 "제나라에는 그렇게 인재가 없나? 어찌 그대같이 못난 사람을 사신으로 보냈는가?"라고 외모를 비하하며 비꼬았습니다.

그 말에 안영이 이렇게 되받아쳤습니다. "우리 제나라에 어찌 인재가 없겠습니까. 다만 제나라에는 외국에 사신을 보낼 때 지키는 원칙이 있습니다. 훌륭하고 큰 나라에는 멋지고 큰 인물을 보내고, 보잘것없고 작은 나라에는 작은 인물을 보냅니다. 그래서 가장 못나고 작은 제가 왔으니 왕께서 너그러이 용서해주십시오."

이후 연회가 펼쳐졌는데 갑자기 초나라 관리가 한 사람을 묶어서 끌고왔습니다. 영왕이 묶인 사람이 누군지 묻자 관리는 도둑인데 제나라 출신이라고 대답했습니다.

그러자 영왕은 "제나라 사람들은 원래 다 저런 도둑놈들인가
보군"이라고 비아냥댔습니다.

연회장 식탁에 놓여 있던 귤(橘)을 집어든 안영이 이렇게 대답
했습니다.

"회수 남쪽의 맛난 귤이 열리는 귤나무도 회수의 북쪽에 옮겨
심으면 탱자가 열린다고 합니다. 토양과 물이 다르기 때문이지요.
우리 제나라 사람들은 다들 정직하고 선한데 초나라에서 죄인이
되는 걸 보면 초나라에 문제가 있는 것으로 보입니다."

귤과 탱자의 차이

초나라는 기후가 따뜻한 중국 남쪽에 위치하고 있어 귤이 잘 재배
되었다. 탱자는 귤의 사촌뻘 되는 나무로, 따뜻한 기후에서 자라
고 가시가 있으며 잎사귀와 꽃, 열매 색깔도 귤과 비슷하다. 하지
만 달고 맛있는 귤과 달리 탱자는 맛이 써서 직접 먹지는 못한다.
그래서 탱자나무는 울타리로 많이 쓴다. 회수(淮水)는 중국을 대
표하는 양자강과 황하 사이를 흐르며, 중국의 화북과 화남 지방을
가르는 강이다. 실제로 화남지방은 쌀을, 화북지방은 밀가루를 주
식으로 삼는 등 문화와 식생의 차이가 크다. 다만, 귤나무를 환경
이 다른 곳에 옮겨 심는다고 해서 탱자가 열리지는 않는다.

안영은 이 비유를 통해 사람은 환경의 영향을 크게 받는다는 것을 주장한 것입니다. 결국 영왕은 안영의 논리를 꺾을 수 없다는 사실을 깨닫고 그동안 저지른 무례를 사과했습니다.

이 이야기는 《안자춘추(晏子春秋)》에 나오는데 여기서 남귤북지(南橘北枳)라는 말이 생겨났습니다.

비 슷 한   뜻 의   한 자 성 어

• **귤화위지** 橘化爲枳 | 귤 귤, 될 화, 할 위, 탱자 지
'회남의 귤을 회북에 옮겨 심으면 탱자가 된다'는 뜻으로, 환경에 따라 사람이나 사물의 성질이 변함을 이르는 말.

39 자식을 살리는 어머니의 결단력

孟 母 斷 機

맹 모 단 기

孟 맏 맹 母 어미 모 斷 끊을 단 機 틀 기

맹자는 어린 시절 아버지를 여의고 홀어머니와 함께 살았습니다. 그의 어머니는 가난해서 땅값이 싼 공동묘지 근처 외딴곳에 집을 얻었습니다. 어린 맹자는 날마다 묘지 사이에서 춤추고 뛰놀거나 땅을 다져서 관을 묻는 행동을 따라하며 놀았습니다.

그 모습을 보고 '이곳은 우리 아이가 살 만한 곳이 아니다'라고 생각한 맹자의 어머니는 그곳을 떠나 집값은 비싸지만 상권이 형성되어 많은 사람이 모이는 시장 근처로 이사했습니다. 이번에는 어린 맹자가 날마다 흥정하고 물건을 파는 장사꾼을 따라하며 놀았습니다.

이번에도 맹자의 어머니는 맹자가 살 만한 곳이 아니라고 생각하고 공자를 모시는 교육기관 근처로 다시 집을 옮겼습니다. 그러자 맹자는 제사용 그릇들을 늘어놓고 예법에 따라 절하며 나아가고 물러나는 행동을 즐기며 놀았습니다.

맹자의 어머니가 말했습니다.

"이곳이야말로 진정 우리 아이를 살게 할 만한 곳이구나. 드디어 우리 아이를 키울 곳을 찾았다."

맹자는 이곳에서 성장하며 고대 중국의 여섯 가지 교육 과목인 육예(六藝), 즉 예법, 음악, 활쏘기, 말타기, 서예, 수학을 열심히 배웠습니다. 그런 노력 끝에 마침내 공자를 잇는 대유학자로 명성을 떨쳤습니다.

이처럼 그의 성공에는 어머니의 뒷받침이 있었습니다.

고사성어 속
고사성어

맹모삼천지교 孟母三遷之敎 | 맏 맹, 어머니 모, 석 삼, 옮길 천, 어조사 지, 가르칠 교
맹자의 어머니가 세 번이나 집을 옮기면서 맹자를 가르쳤다는 뜻. 교육에는 주변 환경이 매우 중요함을 이르는 말.

한번은 이런 일도 있었습니다.

학문에 전념할 나이가 된 맹자는 집중해서 공부하기 위해 타지에 나가 있었습니다. 집을 떠나 공부하느라 외롭고 힘들었던 맹자가 하루는 기별도 없이 돌아왔습니다.

그때 맹자의 어머니는 베틀에 앉아 길쌈을 하고 있었습니다. 어머니는 갑자기 나타난 아들을 보니 기쁘고 반가웠지만 속내를 드러내지 않고 물었습니다.

"벌써 공부를 다 끝마쳤느냐?"

"아직 다 마치지는 못했습니다."

그러자 어머니는 칼을 들고 짜고 있던 베틀의 실들을 다 끊어버렸습니다. 이에 깜짝 놀란 맹자가 물었습니다.

"어머니, 왜 실들을 끊으셨나요?"

어머니가 꾸짖으며 대답했습니다.

"네가 공부를 중간에 그만두고 돌아온 것은 내가 짜고 있던 베틀의 실들을 끊어버린 것과 다를 바 없다. 군자란 모름지기 학문에 힘써 바른 이름을 세우고, 자세히 물어서 지식을 넓혀야 한다. 그렇게 하면 가만히 앉아 있어도 편안하고, 또 난리가 난다 해도 피해를 보지 않을 것이다. 네가 지금 배우기를 그만둔다면 노예 상태가 되고 난리를 벗어날 수 없을 것이다. 이 어미가 베 짜기를 포기하면 안 되듯이 너는 덕 닦기를 게을리하면 안 되느니라. 그렇지 않으면 도둑이 되거나 남의 심부름이나 하는 신세가 될 수밖에 없다."

   맹자는 어머니의 엄한 가르침을 명심하고 밤낮으로 쉬지 않고 배움에 힘썼습니다. 그리고 공자의 제자이자 손자인 자사(子思)를 찾아가 스승으로 섬겨 드디어 대유학자가 되었습니다.
   이것이 맹모단기(孟母斷機)라는 고사성어가 나오게 된 배경입니다. 공부하다 중간에서 그만두면 아무 쓸모 없게 됨을 경계하는 의미로 쓰입니다.

비슷한 뜻의 한자성어

● **단기지계** 斷機之戒 ㅣ 끊을 단, 틀 기, 어조사 지, 경계할 계
학문을 중도에서 그만두면 짜던 베의 날을 끊는 것처럼 아무 쓸모 없음을 경계한 말.

거짓말을 믿게 만드는 법

三 人 成 虎

삼 인 성 호

三 석 삼　人 사람 인　成 이룰 성　虎 호랑이 호

증자(曾子)로 불리는 증삼(曾參)은 공자의 제자로 스승의 사상을 계승해 발전시킨 인물입니다. 그의 학풍은 자사, 맹자로 이어져 유가를 이루는 데 큰 역할을 했습니다.

그는 성품이 어질고 효성이 지극했는데, 공자가 이를 높이 사서 증자에게 효에 관한 책을 지으라고 권유했습니다. 그렇게 해서 나온 책이 《효경(孝經)》입니다.

훗날 백제의 의자왕도 왕자 시절 효성이 지극하여 증자의 이름을 본떠 '해동 증자'로 불렸습니다.

증자가 노나라의 비(費)라는 곳에 살고 있을 때, 그와 이름이 같은 사람이 살인 사건을 저지른 적이 있었습니다. 어떤 사람이 베틀에 앉아 베를 짜고 있던 증자의 어머니에게 "당신 아들이 사람을 죽였습니다"라고 전해주었습니다. 평소 아들의 성품을 잘 알고 있던 증자의 어머니는 "내 아들이 살인을 저지를 리 없소"라며 태연히 하던 일을 계속했습니다.

얼마 후에 또 다른 어떤 사람이 달려와 "당신 아들이 사람을 죽였습니다!"라고 말했습니다. 그래도 증자의 어머니는 같은 말로 대답하고 조금도 흔들림 없이 베 짜는 일을 계속했습니다.

다시 얼마 후에 또 어떤 사람이 달려와 "당신 아들이 사람을 죽여서 지금 관청에 끌려가고 있습니다"라고 알렸습니다. 그러자 이번에는 증자의 어머니가 그 말이 사실인 줄 알고 베틀을 버려두고 담을 넘어 도망쳤습니다.

전국 시대 위(魏)나라 3대 군주 혜왕(惠王)은 위나라 전성기의 마지막 왕이자 쇠퇴기의 첫 왕이었습니다. 즉위 30년(기원전 340년)에 진(秦)나라·조나라·제나라의 공격을 받고 수도를 대량으로 옮긴 후부터 나라 이름을 양(梁)나라로 바꿔 양 혜왕으로도 불립니다. 《맹자》에 자주 등장하는 양 혜왕이 바로 그입니다.

혜왕은 거듭되는 패전으로 즉위 34년에는 태자를 국경을 맞대

고 있던 조나라에 인질로 보내야 했습니다.

태자의 안위가 걱정된 혜왕은 충신 방총(龐蔥)을 태자의 수행원으로 딸려 보냈습니다.

방총은 조나라의 수도 한단(邯鄲)으로 떠나기 전 혜왕을 찾아가 이야기를 나누었습니다.

"왕께서는 지금 어떤 사람이 달려와 우리나라 수도 대량의 시장 한복판에 호랑이가 나타났다고 하면 믿으시겠습니까?"

"그런 말도 안 되는 소리를 믿을 수 없지."

"그럼 두 사람이 같이 달려와 같은 소리를 하면 믿으시겠습니까?"

"음, 혹시 그럴지도 모르겠다고 의심이 좀 들 것 같은데…."

"세 사람이 한꺼번에 달려와 그렇게 말한다면 믿으시겠습니까?"

"한두 사람도 아니고 세 사람이나 그렇다고 하면 믿을 수밖에 없지 않겠나?"

그러자 방총이 이렇게 당부했습니다.

"깊은 산속에 살며 밤에 움직이는 호랑이가 사람들이 붐비는 시장에 나타날 리 없다는 것은 누구나 아는 사실입니다. 그런데 세 사람[三人]이 작당하여 말하면 대량의 시장에 존재하지 않는 호랑이도 만들어냅니다[成虎]. 조나라의 한단에서 대량까지의 거리는 궁궐에서 시장까지 거리와는 비교도 할 수 없을 만큼 멀리 떨어져 있습니다. 그리고 제가 조나라로 들어가고 나면 저를 헐뜯는 무리가 세 사람 정도가 아닐 것입니다. 부디 그런 말들에 분별력을 잃지 말아주십시오."

방총의 말대로 그가 조나라로 간 다음 날부터 여러 신하가 그에 대한 험담을 늘어놓기 시작했습니다.

훗날 태자는 인질에서 풀려나 위나라로 돌아왔지만, 방총은 결국 혜왕의 의심을 받아 돌아오지 못했습니다.

이 이야기에서 나온 말이 '세 사람이 우기면 거리에 호랑이가 나타났다는 거짓말도 사실로 받아들여진다'는 뜻의 삼인성호(三人成虎)입니다. 증삼과 같은 위대한 선비의 어머니도 세 사람이나 찾아와 아들의 살인을 전하자 아들에 대한 신뢰가 무너지고 말았던 것처럼 근거 없는 말이라도 여러 사람이 되풀이해서 말하면 곧 이믿게 됨을 비유하는 말로 쓰입니다.

비 슷 한 뜻 의 한 자 성 어

● **증삼살인** 曾參殺人 | 일찍 증, 석 삼, 죽일 살, 사람 인
'증삼(曾參)이 사람을 죽였다'는 뜻으로, 거짓말도 되풀이해 들으면 믿어버리게 된다는 말.

● **시호삼전** 市虎三傳 | 저자 시, 범 호, 석 삼, 전할 전
'저자에 호랑이가 나왔다는 거짓말을 세 번 전한다'는 뜻으로, 근거 없는 말도 여러 사람이 말하면 언젠가는 믿게 된다는 말.

다다익선, 더 알고 싶은 고사성어 이야기

1. 가인박명 | 佳人薄命 아름다울 가, 사람 인, 얇을 박, 목숨 명

• 뜻풀이: 아름다운 여인은 수명이 짧다. 재주가 많고 능력이 출중한 사람의 인생
이 순탄하지 않을 때 쓰는 말.

• 유　래: 당나라 시인 소식이 지은 〈박명가인시〉의 한 구절인 "자고가인다박명
(自古佳人多薄命) 폐문춘진양화락(閉門春盡楊花落)"에서 나온 말. 소식
이 양주지방에서 벼슬할 때 우연히 들른 절에서 방 안에 고요히 앉아 있
는 한 어여쁜 비구니를 보고 읊은 시로, 그 시 구절의 내용은 "예로부터
아름다운 사람은 대부분 운명이 짧았으니, 문밖에는 봄이 저물고 버드
나무꽃도 지는구나"라고 번역된다. 비구니의 인생을 생각하며 슬프고
애처로운 마음으로 지은 시다.

• 출　전: 소식(蘇軾)의 〈박명가인시(薄命佳人詩)〉

2. 간장막야 | 干將莫耶 방패 간, 장수 장, 없을 막, 어조사 야

• 뜻풀이: 간장과 막야. 천하의 명검을 이르는 말.

• 유　래: 중국 춘추 시대 오나라 왕 합려는 유명한 칼 제조의 장인인 간장(干將)
에게 보검을 만들라고 명령했다. 간장은 엄선한 구리를 모아 주조하기
시작했는데 3년이 지나도록 구리가 녹지 않았다. 그러자 그의 아내인
막야(莫耶)의 머리털과 손톱을 잘라 함께 화로에 넣고, 처녀 300명에게
바람을 넣는 풀무질을 하게 한 후에야 겨우 구리를 녹일 수 있었다. 이

런 어려운 주조 과정을 통해 드디어 칼 두 자루를 얻게 되었다. 음양법(陰陽法)에 따라 양의 칼은 자신의 이름인 간장, 음의 칼은 아내의 이름인 막야라고 지었는데 이후로 명검을 일컫는 말이 되었다.

- 출　전: 조엽(趙曄)의《오월춘추(吳越春秋)》

3. 거안제미 | 擧案齊眉 들 거, 책상 안, 가지런할 제, 눈썹 미

- 뜻풀이: 밥상을 눈썹 높이에 맞추다. 아내가 남편을 공경하고 극진히 내조하는 것을 말함.
- 유　래: 후한 시대의 학자 양홍(梁鴻)은 집이 가난했으나 열심히 공부하여 학문에 조예가 깊었고 벼슬에 욕심이 없어 소박하고 검소한 생활을 했다. 그러던 어느 날, 같은 마을에 사는 나이 서른의 맹광(孟光)이라는 처녀가 "양홍 같은 분이 아니면 절대로 시집을 가지 않겠다"고 한다는 소문을 들었다. 그는 검은 피부에 뚱뚱하고 못생긴 그 처녀를 귀하게 여겨 청혼을 받아들여 혼례를 치렀다. 혼례 후 맹광이 고운 예복을 차려입고 있자 양홍은 일주일이 지나도록 그녀를 거들떠보지 않았다. 여드렛날에 맹광이 예복을 벗고 거친 무명옷으로 갈아입자 그제야 "이제 양홍의 아내다워지셨소"라며 아내를 반겼다. 이때부터 부부는 서로 돕고 아끼며 살았는데 양홍이 일하다 들어오면 맹광은 밥상을 차려 눈썹 높이까지 들고 남편에게 바쳤다는 이야기에서 유래된 말이다.
- 출　전:《후한서(後漢書)》〈양홍전(梁鴻傳)〉

4. 격화소양 | 隔靴搔癢 사이 뜰 격, 가죽신 화, 긁을 소, 가려울 양

- 뜻풀이: 신발을 신은 채 가려운 발바닥을 긁다. 열심히는 하지만 핵심을 파악하지 못하고 헛수고만 하는 안타까움을 비유하는 말.
- 유　래: 불교에서 많이 쓰인 말로 송·명나라 때 지어진 불교 서적들에서 유래를

찾아볼 수 있다. 명나라 승려 원극거정(圓極居頂)이 지은《속전등록(續傳燈錄)》에 "대청에 올라보니 어떤 사람이 빗자루를 잡고 침상을 두드리네. 마치 신을 신고 가려운 곳을 긁는 것과 같구나[上堂更或拈帚敲牀大似隔靴搔癢]"라는 구절에 나오는 말이다.

• 출　전: 원극거정의《속전등록》

5. 견토지쟁 | 犬兎之爭 개 견, 토끼 토, 어조사 지, 다툴 쟁

• 뜻풀이: 개와 토끼의 다툼. 무의미하고 쓸데없이 다투는 것을 비유함.

• 유　래: 전국 시대 제나라 순우곤(淳于髡)은 해학과 변론에 뛰어난 유세가였다. 어느 해 제나라 왕이 위(魏)나라를 치려고 하자 순우곤이 이렇게 말했다. "한자로(韓子盧)라는 개와 동곽준(東郭逡)이라는 토끼가 있었습니다. 둘 다 발이 빠르기로 유명했습니다. 어느 날 한자로가 동곽준의 뒤를 쫓았습니다. 둘은 도망가고 쫓아가느라 수십 리나 되는 산기슭을 세 바퀴나 돌고 가파른 산꼭대기까지 다섯 번이나 오르락내리락하였습니다. 그 바람에 쫓기는 토끼도 쫓는 개도 기진맥진하여 쓰러지고 말았습니다. 이때 농부 한 사람이 힘들이지 않고 두 마리를 잡아가는 횡재를 했습니다. 지금 제나라와 위나라는 오랫동안 대치하느라 백성들이나 군사들이 모두 지칠 대로 지쳐 있습니다. 이를 기회 삼아 군사 강대국인 서쪽의 진(秦)나라나 남쪽의 초나라가 그 농부처럼 횡재를 할까 심히 염려스럽습니다." 이 말을 들은 제나라 왕은 위나라 침공 계획을 거두었다.

• 출　전:《전국책(戰國策)》〈제책편(齊策篇)〉

6. 경국지색 | 傾國之色 기울 경, 나라 국, 어조사 지, 빛 색

• 뜻풀이: 나라를 기울게 할 만한 미모를 가진 여인.

- 유　래: 중국 한 무제(漢武帝) 때 음악을 관장하는 벼슬자리에 있던 이연년(李
延年)이라는 사람이 있었다. 그는 노래도 잘 불렀을 뿐 아니라 작곡과
춤 실력도 뛰어났다. 어느 날 무제 앞에서 춤을 추며 〈가인가(佳人歌)〉
라는 노래를 불렀다. "북방 아름다운 여인 세상과 떨어져 홀로 서 있네
[北方有佳人兮 絶世而獨立兮]/한 번 돌아보면 성이 기울고 두 번 돌아
보면 나라가 기운다네[一顧傾人城兮 再顧傾人國兮]/성과 나라를 기울
게 하는 것을 어찌 모르겠냐만, 아름다운 여인은 두 번 다시 얻기 어렵
다네[寧不知傾城與傾國 佳人難再得]."
이 노래는 사실 이연년이 절세미인인 자기 여동생을 자랑하는 것이었
다. 이 여인이 후에 무제 만년에 총애를 독차지하였던 이부인(李夫人)
이다.
- 출　전: 《한서(漢書)》〈이부인열전(李夫人列傳)〉

7. 계구우후 | 鷄口牛後 닭 계, 입 구, 소 우, 뒤 후

- 뜻풀이: 닭의 부리가 될지언정 소의 꼬리는 되지 마라.
- 유　래: 전국 시대에 유명한 유세가 소진(蘇秦)은 합종책을 주장한 것으로 유명
하다. 합종책이란 당시 초강대국인 진(秦)나라에 먹히지 않으려면 동방
의 나머지 6개 제후국(연, 초, 제, 한, 위, 조)이 힘을 합해 맞서야 한다는
책략이다. 소진은 주저하는 한 제후국 왕에게 이렇게 설득했다. "닭의
부리가 될지언정 소의 꼬리는 되지 말라는 속담이 있습니다. 당신은 한
나라를 다스리는 왕인데, 왜 진나라 밑으로 들어가 소의 꼬리가 되려고
하십니까?" 그러나 결국 합종책은 무너지고 진나라에 의해 천하가 통일
되었다.
- 출　전: 《사기(史記)》〈소진열전(蘇秦列傳)〉

8. 고육지책 | 苦肉之策 쓸 고, 고기 육, 어조사 지, 꾀 책

- 뜻풀이: 뜻을 이루기 위해서 자신의 몸을 괴롭게 만드는 것을 마다하지 않는 계책. 다른 모든 방안이 막혀 어쩔 수 없이 큰 손실을 감수하며 마지막 수단으로 쓰는 계책을 말함.

- 유 래: 위(魏)나라의 조조와 오·촉나라 연합세력인 손권 및 유비가 치른 적벽대전 때 강력한 조조의 100만 대군을 제압할 길이 막막했던 연합군 총사령관 주유에게 노장 황개가 제안한 계책에서 유래한 말이다. 황개는 주유에게 "지금 적군은 많고 아군은 적기 때문에 시간을 끄는 것은 우리에게 불리하다"며 "조조의 군사들이 뱃멀미 때문에 배들을 쇠사슬로 연결해두었다고 하니 거짓으로 투항하는 척하며 다가가 화공을 펼치면 이길 수 있다"고 말했다. 꾀 많은 조조가 거짓 투항을 믿겠느냐는 주유의 물음에 황개는 자신을 살갗이 찢어지고 터지는 고육계(苦肉計)의 도구로 쓰라고 제안한다. 결국 황개는 거짓 항복으로 조조를 속이고 조조 진영의 배에 불을 질러 조조의 군대를 무너뜨렸다.

- 출 전: 《삼국지(三國志)》

9. 곡학아세 | 曲學阿世 굽을 곡, 배울 학, 아부할 아, 세상 세

- 뜻풀이: 학문을 왜곡시켜 세상에 아첨하다. 바른 학문의 길을 굽히고 세상에 아부하여 출세하려는 태도나 행동을 의미함.

- 유 래: 전한 시대 경제(景帝)는 즉위한 뒤 천하의 어진 선비들을 불러모았다. 그중에 산동지방 출신의 선비 원고생(轅固生)은 나이가 아흔이나 되었으나, 성품이 꼿꼿하고 직언을 잘하기로 유명했다. 대신들은 자신들의 처신이 어려워질까 우려되어 그의 등용을 강하게 반대했다. 그러나 경제는 개의치 않고 원고생을 도성으로 불러들였다. 과연 원고생은 황제 앞에서도 신분의 높낮이에 관계없이 잘못을 지적하여 나무랐다. 같은

산동 출신으로 함께 등용된 젊은 학자 공손홍(公孫弘)은 원고생을 가리켜 분수를 모르는 늙은이라며 무시했다. 공손홍의 생각을 잘 알고 있던 원고생은 일부러 공손홍을 불러 간곡히 충고했다. "자네는 젊고 학문을 좋아하니 바른 학문을 열심히 익혀 세상에 널리 전하도록 하게나. '바른 학문을 굽히고 세속의 사람들에게 아첨하는 일'이 있어서는 안 될 것이네."

그 말을 듣고 부끄러워 얼굴까지 빨개진 공손홍은 당장 무릎을 꿇고 사죄하며 원고생을 스승으로 모셨다.

• 출　전: 《사기》〈유림열전(儒林列傳)〉

10. 교언영색 | 巧言令色 공교할 교, 말씀 언, 하여금 령(영) 빛 색

• 뜻풀이: 말을 교묘하게 하고 얼굴빛을 꾸민다. 남의 환심을 사고 비위를 맞추기 위해 말을 번지르르하게 하고 표정을 그럴싸하게 지어 아첨하는 태도를 말함.

• 유　래: 공자는 "교묘하게 말로 둘러대고 아첨하는 낯색을 하는 사람 중에 어진 이는 찾아보기 힘들다[巧言令色, 鮮矣仁]"라고 하였다. 교언(巧言)과 영색(令色)은 〈공야장편(公冶長篇)〉〈양화편(陽貨篇)〉 등에도 여러 번 나온다. 공자는 진실성 없이 겉치레로 꾸며대는 말과 행동으로 상대방을 현혹시키는 것을 경계하였다.

• 출　전: 《논어(論語)》의 〈학이편(學而篇)〉

11. 구상유취 | 口尙乳臭 입 구, 오히려 상, 젖 유, 냄새 취

• 뜻풀이: 입에서 아직 젖비린내가 난다. 말과 행동이 유치한 사람을 이르는 말.

• 유　래: 한(漢)나라 유방이 초나라 항우와 천하의 패권을 두고 다툴 때였다. 한때 한나라에 복종했던 위(魏)나라 왕표(王豹)는 항우가 이길 것으로 판

단하고 초나라 편에 붙었다. 유방은 위나라 사정에 정통한 역이기를 보내어 그를 만류했으나 실패했다. 결국 배신한 위나라를 치기 위해 한신 (韓信)을 보냈는데, 떠날 때 역이기에게 위나라의 대장이 누구인지 물었다. 역이기가 백직(栢直)이라고 대답하자 유방은 코웃음치며 말했다. "백직이라면 입에서 아직 젖비린내가 나는 자가 아니냐. 절대 백전백승의 명장 한신을 이길 수 없을 것이다."

유방이 큰소리쳤듯이 한신은 백직을 손쉽게 제압했고 왕표는 유방에게 사로잡혀 무릎 꿇고 사죄했다.

• 출　전: 《사기》

12. 군자삼락 | 君子三樂 임금 군, 아들 자, 석 삼, 즐길 락(낙)

• 뜻풀이: 군자의 세 가지 즐거움.

• 유　래: 전국 시대 유가 사상가로 공자의 사상을 계승 발전시킨 맹자는 이렇게 말했다. "군자에게는 세 가지 즐거움이 있으나 천하의 왕이 되는 것은 여기에 들어 있지 않다. 부모님이 다 살아 계시고 형제들에게 어려움이 없는 것이 첫 번째 즐거움이요, 하늘을 우러러 부끄러움이 없고 땅을 굽어보아도 사람들에게 부끄럽지 않은 것이 두 번째 즐거움이요, 천하의 영재들을 얻어 가르치고 기르는 것이 세 번째 즐거움이다."

• 출　전: 《맹자(孟子)》〈진심편(盡心篇)〉

13. 금의야행 | 錦衣夜行 비단 금, 옷 의, 밤 야, 다닐 행

• 뜻풀이: 비단옷을 입고 밤에 다니다. 생색이 나지 않거나 아무 보람 없는 행동을 비유한 말.

• 유　래: 유방에 이어 항우도 진(秦)나라의 수도 함양에 입성했다. 그는 유방이 살려준 왕자 자영을 죽이고 궁궐에 불을 지르며 시황제의 무덤까지 파

헤치는 잔인함을 보였다. 또 궁중의 보화들을 다 차지하고 술과 여인들에 빠졌다. 항우는 여기서 손에 넣은 막대한 재물과 미녀들을 거느리고 고향인 팽성으로 돌아가려고 했다. 그러자 책사 한생(韓生)이 간언했다. "이 지역은 산과 강으로 둘러싸여 안전하고 땅도 비옥해 백성들을 넉넉히 먹여 살릴 수 있습니다. 이곳을 도읍으로 정해 천하를 경영하셔야 합니다."

그러나 한시라도 빨리 고향으로 돌아가 자신의 출세를 과시하고 싶었던 항우는 이렇게 중얼거렸다. "부귀해졌는데도 고향에 돌아가지 않는 것은 비단옷 입고 밤길을 가는 것과 같다. 누가 이것을 알아주겠는가?"

항우의 한심한 말을 들은 한생은 실망한 나머지 "초나라 사람들은 원숭이에게 옷을 입히고 갓을 씌웠을 뿐이라고 하더니 그 말이 사실이구나"라고 말했다. 이를 전해 들은 항우는 한생을 솥에 삶아 죽여버렸다.

• 출　전:《사기》〈항우본기(項羽本紀)〉

14. 남상 | 濫觴 넘칠 람(남), 술잔 상

• 뜻풀이: 술잔에 넘칠 정도로 적은 양의 물. 사물의 기초나 기원을 나타내는 말.

• 유　래: 공자의 가장 중요한 제자 중 한 명인 자로(子路)는 정치가이자 무인으로, 성격이 급하고 용맹하여 공자를 호위해 여러 번 위험에서 지켜주었다. 어느 날 자로가 평소와 다르게 화려한 옷차림을 하고 나타났다. 공자가 으스대는 자로를 보며 말했다. "원래 양자강은 민산(岷山)에서 시작되는데 발원지의 물은 겨우 술잔에 넘칠 정도에 불과하다. 그러나 그 적은 물이 하류로 내려오면서 양이 많아지고 흐름도 빨라져 배를 띄우지 않으면 건널 수 없고 풍랑이 심한 날이면 배를 띄울 수조차 없다. 이는 물의 양이 점점 불어나 사람들이 두려워하기 때문이다. 지금 너는 화려한 옷차림이 몹시 만족스러운 모양이구나. 그런데 사람들이 너의 태

도를 보면 누가 너를 위해 좋은 충고를 하겠느냐."

공자는 자로가 혹시 사치스럽고 교만해질까 경계하여 충고했던 것이었
다. 자로는 당장 집에 돌아가 화려한 옷을 벗어버렸다.

• 출 전: 《순자(荀子)》〈자도편(子道篇)〉

15. 단사표음 | 簞食瓢飮 대광주리 단, 밥 사, 박 표, 마실 음

• 뜻풀이: 대그릇에 담은 밥, 표주박에 담은 물. 형편없는 끼니나 청빈한 삶을 비
      유하는 말.

• 유 래: 공자에게는 3000명이 넘는 제자들이 있었으나 그중 안회(顔回, 자는 안
      연顔淵)를 가장 총애했다. 특히 어려운 환경에도 굴하지 않고 열심히
      공부하는 자세를 보고 이렇게 말했다. "누구든 대그릇의 밥과 표주박의
      물을 먹으면서 좁고 누추한 거리에 산다면 그 괴로움을 견디지 못할 것
      이다. 그런데 너는 그 속에서도 즐거움을 누리고 살다니 참 어질구나."

• 출 전: 《논어》〈옹야편(雍也篇)〉

16. 대동소이 | 大同小異 큰 대, 같을 동, 작을 소, 다를 이

• 뜻풀이: 크게 보면 같고 작은 차이만 있다. 겉으로는 다르게 보이지만 본질적으
      로는 큰 차이가 없어 비슷함을 일컫는 말.

• 유 래: 장자는 〈천하편(天下篇)〉에서 묵가(墨家)와 법가(法家) 등 당대의 여
      러 학설과 주장을 비판하고 도가(道家) 철학을 설명했다. 이어 뒷부분
      에서 친구 혜시(惠施)의 논리학 이론을 소개하고 자기 의견을 이렇게
      덧붙였다. "혜시는 다방면에 걸쳐 학문을 추구하여 장서가 수레 다섯 대
      에 실을 정도로 많다. 그러나 그의 주장은 복잡하고 핵심을 제대로 짚
      지 못한다. 그에 따르면, 너무 커서 밖이 없는 것을 대일(大一)이라 하고
      너무 작아서 안이 없는 것을 소일(小一)이라 한다. 두께가 없는 것은 쌓

아올리지 못하나 넓고 큰은 천리 사방에 미친다. 하늘은 땅과 마찬가지로 낮고 산과 못은 다 평평하다. 해가 떠서 중천에 오르면서부터 기울기 시작하고, 사물은 생기는 동시에 죽어간다. 크게 보면 같으면서 작게 보면 다른 것을 조금 다르다[小同異]고 하고, 만물이 사물이라는 점에서는 같으나 개별로서는 다 다른 것을 크게 다르다[大同異]고 한다. 두루 만물을 사랑하면 사물의 차별이 없어지고 하늘도 땅도 하나가 된다." 이 말에서 '대동소이'가 유래했다. 보는 사람에 따라 다르게 보이는 상대적 관점의 차이는 큰 차이가 아니라는 의미다.

- 출　전:《장자(莊子)》〈천하편(天下篇)〉

17. 도룡지기 | 屠龍之技 잡을 도, 용 룡(용), 어조사 지, 재주 기

- 뜻풀이: 용을 잡는 기술. 아무 쓸모없는 기술이나 헛된 수고를 뜻함.
- 유　래: 주(周)나라 때 주평만(朱泙漫)이란 사람이 세상의 용한 기술을 배우겠다며 집과 재산을 다 팔아 길을 떠났다. 3년 만에 돌아온 그는 지리익(支離益)이란 사람에게서 용을 잡는 기술을 배웠다고 주변에 자랑했다. 용을 어떻게 붙잡아야 하고 목은 어떻게 눌러야 하며 배는 어떻게 가르고 배를 가를 때 어떤 칼을 써야 하는지 장황하게 늘어놓았다. 그러자 듣고 있던 사람들 중에 하나가 물었다. "정말 대단한 기술 같소. 그런데 용은 도대체 어디 가서 잡는 것이오?" 주평만은 아무런 대답도 하지 못하고 한바탕 웃음거리만 되었다.

- 출　전:《장자》〈열어구편(列禦寇篇)〉

18. 득롱망촉 | 得隴望蜀 얻을 득, 땅이름 롱(농), 바랄 망, 나라이름 촉

- 뜻풀이: 농 땅을 얻고 나서 촉 땅을 바라다. 인간의 욕심은 끝이 없음을 말함.
- 유　래: 후한을 세운 광무제가 천하통일을 눈앞에 두고 있을 무렵이었다. 아직

도 중원뿐 아니라 변방에도 쟁쟁한 인물들이 저마다 세력을 형성하고 있었다. 광무제는 이들을 하나하나 토벌하거나 달래어 귀순시켰는데 농서의 외효(隗囂)와 촉의 공손술(公孫述)만은 끝까지 버텼다. 그들이 차지하고 있는 땅은 중원에서 멀리 떨어진 데다 황량하고 험준한 산악으로 둘러싸여 토벌하기도 쉽지 않았다. 신하들은 빨리 그 두 곳을 정복하고 싶어했지만 광무제의 생각은 달랐다. 그는 "서두를 필요 없소. 지금은 지친 병사들을 쉬게 해주는 게 우선이오"라고 말하며 내부 균열로 세력이 저절로 약화되기를 기다리자고 했다. 실제로 광무제가 등극한 지 9년째 되던 해 서기 33년, 농서의 외효가 죽자 그의 아들 외구순이 다음해 스스로 광무제에게 귀순해왔다. 손 하나 까딱하지 않고 광활한 농서 땅을 손에 넣은 광무제가 주위를 둘러보며 말했다. "인간의 욕심이란 끝이 없다고 하더니, 농서를 얻고 나니까 촉땅도 갖고 싶어지는구려."

그로부터 4년 뒤, 광무제는 대군 이끌고 쳐들어가 공손술의 촉을 복속시키고 천하통일을 이루었다.

- 출　전: 《후한서》〈잠팽열전(岑彭列傳)〉

19. 등고자비 | 登高自卑 오를 등, 높을 고, 스스로 자, 낮을 비

- 뜻풀이: 높은 곳을 오르려면 낮은 데서 출발해야 한다. 모든 일에는 순서가 있고, 높은 지위에 오를수록 겸손해야 함을 의미함.
- 유　래: 공자의 손자인 자사(子思)가 지은 《중용(中庸)》 제15장에는 이런 구절이 있다. "군자의 도는 먼 길을 가려 하면 반드시 가까운 곳에서 출발해야 함과 같고, 높은 곳에 오르려면 반드시 낮은 곳에서부터 출발함과 같은 것이다[行遠自邇 登高自卑]."

  이처럼 모든 일은 순서에 맞게 기본부터 이루어나가야 한다.
- 출　전: 《중용(中庸)》 제15장

20. 망양보뢰 | 亡羊補牢 잃을 망, 양 양, 기울 보, 우리 뢰(뇌)

- **뜻풀이**: 양을 잃고 나서 우리를 고치다. 일이 잘못된 뒤에 후회해도 소용없다는 뜻.

- **유 래**: 중국 전국 시대 초나라 양왕은 사치스럽고 방탕하여 국정을 문란하게 만들었다. 이때 장신(莊辛)이라는 충신이 간신들을 멀리하고 국정 운영에 전념할 것을 간언했다. 양왕은 오히려 장신에게 욕을 퍼붓고 그의 말을 들으려 하지 않았다. 실망한 장신은 조(趙)나라로 떠났고 5개월 뒤 진나라의 침공을 받은 초나라는 수도를 잃어버릴 지경에 몰렸다. 양왕은 그제야 장신의 말이 옳았음을 깨닫고 조나라에 있는 장신을 불러들였다. 양왕이 장신에게 이 난국을 극복할 방법을 묻자 장신은 이렇게 대답했다. "토끼를 발견하고 나서 사냥개를 풀어도 늦지 않고, 양을 잃고 나서 우리를 고쳐도 늦지 않습니다. 옛날 탕왕과 무왕은 백 리의 작은 땅에서 일어나 천하를 차지했고, 걸왕과 주왕은 영토가 수천 리에 달했지만 끝내 멸망했습니다. 지금 초나라가 수도를 잃고 영토를 많이 빼앗겼지만 여전히 수천 리나 남아 있으니 아직 늦지 않았습니다."
이처럼 망양보뢰의 원래 의미는 실수해도 빨리 돌이켜 수습하면 늦지 않다는 것이었지만, 후대로 오면서 일을 그르친 뒤에는 뉘우쳐도 소용이 없다는 부정적인 의미로 변했다.

- **출 전**: 《전국책》〈초책(楚策)〉

21. 명경지수 | 明鏡止水 밝을 명, 거울 경, 그칠 지, 물 수

- **뜻풀이**: 맑은 거울과 고요한 물. 사람의 마음이 맑고 고요한 것을 비유하는 말.

- **유 래**: 노나라에 발꿈치를 자르는 형벌인 월형을 받아 한쪽 다리가 불구인 왕태(王駘)라는 사람이 있었다. 그는 덕망이 높아 그를 따르는 자들의 수가 공자의 제자만큼 많았다. 이에 노나라의 현자 상계(常季)가 공자에

게 물었다. "왕태는 외발이라 서서 강연하거나 앉아서 논하지도 않는데 빈 마음으로 찾아가면 꽉 채워서 돌아온다고 합니다. 말하지 않고도 가르치고 겉으로 드러남이 없으면서도 마음으로 이루는 것이 있어서겠지요? 이 사람은 어떤 사람입니까?" 공자가 그는 성인이라며 칭찬하자 상계는 또 물었다. "그는 단지 자기 자신을 위해서 수양한 것뿐인데 왜 사람들이 그에게 모여드는 것입니까?" 그러자 공자가 대답했다. "사람은 흐르는 물이 아니라 멈춰 있는 물을 거울로 삼는다. 왕태의 마음이 멈춰 있는 물처럼 조용하기에 그를 거울삼기 위해 모여드는 것이다."

명경지수는 본래 무위(無爲)의 경지를 비유한 말이었으나, 후일 그 뜻이 변하여 맑고 깨끗한 마음을 뜻하는 말이 되었다.

- 출 전: 《장자》〈덕충부편(德充符篇)〉

22. 물색 | 物色 만물 물, 빛 색

- 뜻풀이: '동물의 털 색깔'이라는 뜻. 어떤 일에 적합한 사람이나 물건, 장소 등을 찾거나 고른다는 의미로 쓰임.
- 유 래: "제사에 희생제물로 바칠 동물의 털 색깔을 살핀다"라는 구절에서 나온 말이다. 또는 네 마리의 말이 끄는 수레 사마(四馬)에서 유래되었다는 이야기도 있다. 네 마리의 말은 힘과 빛깔이 비슷해야 해서 힘이 같은 말을 물마(物馬), 빛깔이 같은 말을 색마(色馬)라고 불렀는데, 이것을 합해 물색이라고 하고 수레를 끌기에 좋은 말을 고르는 것을 뜻하게 되었다.
- 출 전: 《예기(禮記)》〈월령편(月令篇)〉

23. 반골 | 反骨 되돌릴 반, 뼈 골

- 뜻풀이: 거꾸로 된 뼈. 일반적인 권위나 방식, 관습 등을 따르지 않고 비판하고

반항하는 기질을 가리키는 표현.

- 유 래: 유비가 책사 제갈량의 도움을 받아 세력을 확대해가던 무렵, 장사(長沙) 태수 한현(韓玄)이 충직한 장수 황충(黃忠)에게 군사를 주어 유비 군에 맞서 싸우게 했다. 관우가 나이 많은 황충을 얕잡아보다 위기에 처하게 되었는데, 이때 황충은 관우를 죽일 수 있었음에도 빈 시위를 당겨 경고만 주고는 돌아갔다. 성벽 위에서 이 광경을 지켜본 한현은 즉각 황충을 적과 내통하였다며 목을 베라고 명했다. 처형 직전 한현의 부하장수 위연(魏延)이 나타나 단칼에 한현을 죽이고 황충을 구출했다. 그런 다음 한현의 머리를 들고 유비에게 투항했다. 황충에다 위연까지 얻게 된 유비는 무척 기뻐했으나 제갈량은 생각이 달랐다. 제갈량이 위연의 목을 치라고 명령하자 깜짝 놀란 유비가 그 이유를 물었다. 이에 제갈량이 대답했다. "녹봉을 받으면서 그 주인을 베었으니 이는 불충이요, 자기가 사는 땅을 들어 바쳤으니 이는 불의입니다. 게다가 위연의 골상을 보니 뒤통수에 툭 튀어나온 '반골(反骨)'이 있습니다. 나중에 배신할 것이 분명하니 미리 죽여 화근을 없애야 합니다."

- 출 전: 《삼국지》

24. 복마전 | 伏魔殿 엎드릴 복, 마귀 마, 큰집 전

- 뜻풀이: 마귀가 엎드리고 있는 전각. 겉으로 드러나지 않은 악의 소굴이라는 뜻. 부정과 비리의 온상이 되는 곳을 비유함.

- 유 래: 북송(北宋) 인종(仁宗) 때 온 나라에 전염병이 돌자 인종은 신주(信州)의 용호산(龍虎山)에서 수도하고 있는 장진인(張眞人)에게 전염병 퇴치 기도를 부탁하기로 했다. 인종의 부탁을 전하러 간 홍신(洪信)이 용호산에 도착했을 때 장진인은 외출하고 없었다. 홍신은 이곳저곳을 둘러보다 '복마지전(伏魔之殿)'이라고 쓰인 간판이 걸린 전각을 보고 안

내인에게 이 전각에 대해 물었다. 안내인은 옛날에 노조천사(老祖天師)가 마왕을 물리쳤던 신전이라며 함부로 열어서는 안 된다고 했다. 그러나 호기심을 이기지 못한 홍신이 문을 열어보니 신전 한복판에 돌비석이 있고 그 뒷면에 '드디어 홍이 문을 열었구나'라는 글이 새겨져 있었다. 홍신이 돌비석을 파내자 갑자기 굉음과 함께 검은 연기가 치솟다가 금빛으로 변하면서 사방으로 흩어졌다. 마침 장진인이 돌아와서 "그곳은 마왕 108명을 가둬둔 곳이었습니다. 그런데 그들이 이제 세상 밖으로 나와버렸으니 머잖아 나라에 큰 소동이 일어날 것입니다"라고 하였다. 장진인의 예언대로 1121년에 송강(宋江)이 농민반란을 일으켰다.

- 출　전:《수호지(水滸志)》

25. 불치하문 | 不恥下問 아닐 불, 부끄러울 치, 아래 하, 물을 문

- 뜻풀이: 아랫사람에게 묻는 것을 부끄러워하지 않다.
- 유　래: 공자가 활동하던 당시 위(衛)나라의 대부 공어(孔圉)는 정직한 성품을 지닌 인물로 열린 마음으로 기꺼이 배우려 했다. 그가 죽은 후 시호로 '문(文)'이 내려졌는데, 공어의 인물됨이 부족하다고 여긴 자공(子貢)이 공자에게 물었다. "선생님, 공어는 뭐가 그리 대단해서 '문'이라는 시호를 받았단 말입니까?" 공자가 대답했다. "그는 총명하며 행동이 민첩하고 배우기를 즐겨 자신보다 지위나 학문의 수준이 낮은 사람들에게 묻는 것도 부끄러워하지 않았다. 그런 까닭에 '문'이라 한 것이다."
- 출　전:《논어》〈공야장편(公冶長篇)〉

26. 붕정만리 | 鵬程萬里 붕새 붕, 단위 정, 일만 만, 마을 리(이)

- 뜻풀이: 붕새는 한 번 날면 9만 리를 날아간다. 보통 사람들은 생각지도 못할 원대한 꿈이나 계획을 빗대는 말.

- 유 래: 장자는 전설 속 붕새에 대해 다음과 같이 이야기했다. "북쪽 바다에 곤
  (鯤)물고기가 있는데 얼마나 큰지 그 몸집이 몇천 리인지 알지 못한다.
  곤이 변해 새가 되었는데 그 이름이 붕(鵬)이다. 이 붕새의 등이 얼마나
  넓은지 넓이가 몇천 리인지 알 수 없다. 이 새가 한 번 힘을 써 날면 활짝
  편 날개가 하늘 한쪽에 가득 드리운 구름과 같고 바다를 뒤집을 만큼 큰
  바람이 인다. 붕은 그 바람을 타고 북쪽 바다 끝에서 남쪽 바다 끝까지 날
  아간다. 붕새가 남쪽 바다로 날아갈 때 일으키는 물결이 3000리나 된다.
  9만 리나 날아간 붕새는 6개월 동안 계속 난 다음에 비로소 날개를 쉰다."
- 출 전: 《장자》〈소요유편(逍遙遊篇)〉

27. 사이비 | 似而非 비슷할 사, 말 이을 이, 아닐 비

- 뜻풀이: 비슷한 것 같으나 아니다. 겉으로 보아서는 진짜인 것 같지만 실은 완전
  히 다른 가짜를 가리키는 말.
- 유 래: 맹자에게 만장(萬章)이란 제자가 물었다. "마을 사람들 모두 '저 사람은
  훌륭하다'고 칭찬하는 향원(鄕愿)은 어디를 가더라도 훌륭한 사람으로
  칭송받을 텐데 공자께서는 그를 가리켜 '덕(德)을 해치는 도둑'이라고
  하셨습니다. 그렇게 말씀하신 이유가 궁금합니다."
  맹자가 대답했다. "비난하려고 해도 특별한 구실이 없지만, 그런 사람은
  더러운 세속에 아첨하고 그것과 한통속이 된다. 또 겉으로는 충성스럽
  고 신의가 있으며 행동이 청렴결백해 보여서 사람들이 다 좋아하고 스
  스로도 자기 처신이 옳다고 생각한다. 그러나 그와는 참된 성현의 길로
  함께 갈 수 없다. 그런 이유로 공자께서 그렇게 말씀하신 것이다. 공자
  께서는 또 '나는 비슷한 것 같으나 가짜[似而非]를 미워한다'고 하셨다."
  이 이야기에 나오는 향원은 전국 시대에 인문적 소양이 높고 대중에게
  인기있는 사람을 일컬었지만, 후대에 겉으로는 고결한 척하며 뒤에서

더러운 짓을 하는 사람을 가리키는 말로 변했다.

- 출　전: 《맹자》〈진심장구(盡心章句)〉하편

28. 사자후 | 獅子吼 사자 사, 아들 자, 울 후

- 뜻풀이: 사자의 울부짖음. 부처님의 위엄있는 설법이나 열변을 토하는 연설을 일컬음.

- 유　래: 석가모니는 태어나자마자 한 손으로는 하늘을 가리키고 한 손으로는 땅을 가리키며 일곱 걸음을 옮겨 돈 다음 사방을 둘러보고 "천상천하유 아독존(天上天下唯我獨尊, 하늘 위와 아래에 오직 나홀로 존귀하다)"이라고 외쳤다고 한다. 불교에서는 이를 사자의 울부짖음으로 표현했다. 석가모니의 설법이 사자가 부르짖는 것과 같아 악마들이 굴복하고 불교에 귀의한다는 말이었으나 일반적으로 '열변을 토하며 정의로운 주장을 펴 남을 설복시킨다'라는 의미로 쓰인다.

- 출　전: 《전등록(傳燈錄)》

29. 살신성인 | 殺身成仁 죽일 살, 몸 신, 이룰 성, 어질 인

- 뜻풀이: 자기 몸을 죽여 인을 이루다. 자신을 희생해 어질고 의로운 일을 행함.

- 유　래: 살신성인은 다음과 같은 공자의 말에서 유래했다. "뜻있는 선비와 어진 사람은 자기가 살려고 인(仁)을 해치는 일이 없고 자기 몸을 죽여서 인을 이룬다." 의로운 사람은 자기 목숨을 버리면서까지 어짊을 이루려고 한다는 뜻이다.

- 출　전: 《논어》〈위령공편(衛靈公篇)〉

30. 상전벽해 | 桑田碧海 뽕나무 상, 밭 전, 푸를 벽, 바다 해

- 뜻풀이: 뽕나무밭이 푸른 바다가 되다. 세월이 많이 흘러 환경이 몰라보게 달라